应急管理技术与方法研究

徐国凯 ◎著

吉林科学技术出版社

图书在版编目（CIP）数据

应急管理技术与方法研究 / 徐国凯著. -- 长春：吉林科学技术出版社，2023.6
ISBN 978-7-5744-0695-7

Ⅰ．①应… Ⅱ．①徐… Ⅲ．①突发事件－公共管理－研究 Ⅳ．①D035

中国国家版本馆CIP数据核字(2023)第136654号

应急管理技术与方法研究

著	徐国凯
出 版 人	宛　霞
责任编辑	赵海娇
封面设计	金熙腾达
制　　版	金熙腾达
幅面尺寸	185mm×260mm
开　　本	16
字　　数	269千字
印　　张	12
印　　数	1–1500册
版　　次	2023年6月第1版
印　　次	2024年2月第1次印刷

出　　版	吉林科学技术出版社
发　　行	吉林科学技术出版社
地　　址	长春市福祉大路5788号
邮　　编	130118
发行部电话/传真	0431-81629529 81629530 81629531 81629532 81629533 81629534
储运部电话	0431-86059116
编辑部电话	0431-81629518
印　　刷	三河市嵩川印刷有限公司

书　　号	ISBN 978-7-5744-0695-7
定　　价	72.00元

版权所有　翻印必究　举报电话：0431-81629508

前言

应急管理是针对特重大事故灾害的危险问题提出的。应急管理是指政府及其他公共机构在突发事件的事前预防、事发应对、事中处置和善后恢复过程中，通过建立必要的应对机制，采取一系列必要措施，应用科学、技术、规划与管理等手段，保障公众生命、健康和财产安全，促进社会和谐健康发展的有关活动。危险包括人的危险、物的危险和责任危险三大类。人的危险可分为生命危险和健康危险；物的危险是指威胁财产安全的火灾、雷电、台风、洪水等事故灾难；责任危险是指产生于法律上的损害赔偿责任，一般又称为第三者责任险。其中，危险由意外事故、意外事故发生的可能性及蕴藏意外事故发生可能性的危险状态构成。

如何应对和处置突发事件，是人类社会面对的重要课题。为了防止和减少生产安全事故，保障人民群众生命和财产安全，特写作本书。本书是以应急管理技术与方法为研究方向的著作，本书从应急管理的内容介绍入手，针对应急管理概述、应急基本程序、应急预案进行了分析研究；另外对应急决策、应急救援、应急指挥与处置做了一定的介绍；还剖析了建筑工程安全管理、建筑施工安全生产应急管理等内容。本书论述严谨、结构合理、条理清晰、内容丰富；旨在摸索出一条适合应急管理技术与方法的科学道路，帮助其工作者在应用中少走弯路，运用科学方法，提高效率，对应急管理技术与方法研究有一定的借鉴意义。

在本书的写作过程中，参阅了大量的文献资料（包括电子文献），在此对原作者表示衷心的感谢。同时感谢有关领导给予的关心和大力支持。由于作者水平有限，书中不足之处在所难免，敬请各位读者批评指正。

作者

2023 年 7 月

目 录

第一章　应急管理的内容 ·· 1
第一节　应急管理概述 ·· 1
第二节　应急基本程序 ··· 11
第三节　应急预案 ·· 15

第二章　应急决策 ·· 25
第一节　应急决策理论 ·· 25
第二节　应急决策分析方法 ··· 35

第三章　应急救援 ·· 43
第一节　应急救援装备 ·· 43
第二节　应急演练和训练 ··· 51
第三节　应急行动 ·· 75

第四章　应急指挥与处置 ·· 93
第一节　应急指挥与协调 ··· 93
第二节　应急处置技术 ··· 104

第五章　建筑工程安全管理 ··· 113
第一节　建筑工程安全管理概述 ·· 113
第二节　安全文明施工 ··· 120

　　第三节　施工现场安全管理 ·· 129

第六章　建筑施工安全生产应急管理 ·· 145

　　第一节　建筑施工安全生产应急体系 ·· 145

　　第二节　建筑施工安全生产应急预案 ·· 158

　　第三节　建筑施工安全生产应急培训 ·· 167

　　第四节　建筑施工安全生产应急处置 ·· 171

参考文献 ·· 182

第一章　应急管理的内容

第一节　应急管理概述

一、应急管理的定义

应急管理是近些年发展起来的一门独立学科，具体是指在应对突发事件的过程中，为了预防和减少突发事件的发生，控制、减轻和消除突发事件引起的危害，基于对突发事件的原因、过程及后果进行分析，有效集成社会各方面的资源，对突发事件进行有效预防、准备、响应和恢复的过程。它主要有两个方面的含义：应急管理贯穿于突发事件的事前、事发、事中、事后的全过程，应急管理是事前、事后的管理和事发、事中的应急的有机统一。

应急管理是政府核心职能的一部分，其主要涵盖四类活动：预防、减少突发事件的发生，响应、应对突发事件，控制、减轻突发事件的社会危害，清理、消除突发事件的影响。归纳起来，应急管理就是围绕突发事件而展开的预防、响应、处置、恢复的活动。

"预防"——是指减少影响人类生命、财产的自然或人为风险，提高应对各种突发事件的能力，如实施建筑标准、推行灾害保险、颁布安全法规、制订应急预案、建立预警系统、成立应急中心、进行救援培训、开展应急演练等。

"响应"——是指突发事件发生时所采取的行动，如研判信息、发布预警、启动应急预案等。

"处置"——是指采取措施以挽救生命、减少财产损失，如调动资源控制突发事件的扩大、升级，提供医疗援助、组织疏散与搜救等。

"恢复"——既指按照最低运行标准将重要生产生活支持系统复原的短期行为，也指推动社会生活恢复常态的长期活动，如清理废墟、控制污染、恢复生产、提供灾害失业救助、提供临时住房等。

按照突发事件的发生、发展规律，完整的应急管理过程应包括预防、响应、处置与恢复重建四个阶段，分别发生在突发事件的事前、事发、事中和事后，形成一个闭合的循环过程。其中，每一个阶段都要求采取有力的应急管理措施，尽可能地减少突发事件的发生，控制突发事件的升级和扩大。

（一）事前——预防与应急准备阶段

应急管理要贯彻"预防为主"的方针。在预防与应急准备阶段，要注意在日常工作中采取措施，着力降低社会应对突发事件的脆弱性，要为应对突发事件做好充分准备。同时，要经常对所在区域进行风险、隐患排查，对危险源进行持续的、动态的监测，并开展有效的风险评估，在风险评估的基础上进行风险处置。对于即将演变为突发事件的风险、隐患及时预警，使社会公众在突发事件发生前采取避险行动，尽量减少突发事件所带来的损失。

（二）事发——预警与应急响应阶段

应急响应是指在突发事件发生时，应急管理者判断并研究事件信息，启动应急预案，动员协调各方面力量开展应急处置工作。对信息的判断与研究是至关重要的，一定要快速、准确，以避免应急响应失当。

（三）事中——处置与应急救援阶段

应急处置是指应急管理者在时间、资源的约束条件下，控制突发事件的后果，即在突发事件发生后，要尽可能详细地掌握事件情况，迅速按照应急预案的要求，采取有效救援措施，防止突发事件扩大、升级。

处置过程需要大量的非常规决策。应急管理者需要在极短的时间内和巨大的心理压力下进行创新性决策，既要遵照预案，又不能固守预案。不遵照预案，就无章可循；但固守预案，突发事件的瞬息万变又可能令预案的作用丧失。

（四）事后——评估与恢复重建阶段

突发事件处置工作完成后，应急管理者必须清理现场，尽快恢复生产生活秩序，并据此组织各种力量，消除突发事件对社会、经济、环境以及人的心理的影响。

不仅如此，应急管理者还应该开展应急调查、评估，及时总结经验教训；对突发事件发生的原因和相关预防、处置措施进行彻底、系统的调查；对应急管理全过程进行全面的绩效评估，剖析应急管理工作中存在的问题，提出整改措施，并责成有关部门逐项落实，从而提高预防突发事件和应急处置的能力。

二、应急管理的特点

应急管理是一项重要的公共事务，既是政府的行政管理职能，也是社会公众的法定义务。同时，应急管理活动又受法律的约束，具有与其他行政活动不同的特点。

（一）政府主导性

应急管理的主体是政府、企业和其他公共组织，其中的责任主体是政府，政府起主导性作用。政府主导性体现在两个方面：一是政府主导性是由法律规定的。《突发事件应对法》规定，县级人民政府对本行政区域内突发事件的应对工作负责，涉及两个以上行政区域的，由有关行政区域共同的上一级人民政府负责，或者由各有关行政区域的上一级人民政府共同负责，从法律上明确界定了政府的责任。二是政府主导性是由政府的行政管理职能决定的。政府掌管行政资源和大量的社会资源，拥有组织严密的行政组织体系，具有庞大的社会动员能力，这是任何非政府组织和个人无法比拟的行政优势，只有由政府主导，才能动员各种资源和各方面力量开展应急管理。

（二）社会参与性

《突发事件应对法》规定，公民、法人和其他组织有义务参与突发事件应对工作，从法律上规定了应急管理的全社会义务。尽管政府是应急管理的责任主体，但是没有全社会的共同参与，突发事件应对不可能取得好的效果。

（三）行政强制性

应急管理主要是依靠行使公共权力对突发事件进行管理。公共权力具有强制性，社会成员必须绝对服从。在处置突发事件时，政府应急管理的一些原则、程序和方式将不同于正常状态，权力将更加集中，决策和行政程序将更加简化，一些行政行为将带有更大的强制性。当然，这些非常规的行政行为必须有相应的法律、法规做保障。应急管理活动既受到法律、法规的约束，须正确行使法律、法规赋予的应急管理权限，同时又可以以法律、法规作为手段，规范和约束管理过程中的行为，确保应急管理措施到位。

（四）目标广泛性

应急管理以维护公共利益、社会大众利益为己任，以保持社会秩序、保障社会安全、维护社会稳定为目标。换句话说，应急管理追求的是社会安全、社会秩序和社会稳定，关注的是包括经济、社会、政治等方面的公共利益和社会大众利益，其出发点和落脚点就是把人民群众的利益放在第一位，保证人民群众生命财产安全，保证人民群众安居乐业，为社会全体公众提供全面优质的公共产品，为全社会提供公平公正的公共服务。

（五）管理局限性

一方面，突发事件的不确定性决定了应急管理的局限性。另一方面，突发事件发生后，尽管管理者做出了正确的决策，但指挥协调和物资供应任务仍十分繁重，要在极短的时间内指挥协调、保障物资，本身就是一件艰巨的工作，特别是一些没有出现过的新的突发事件，物资保障更是难以满足。加之受到突发事件影响的社会公众往往处于紧张、恐慌、激动之中，情绪不稳定，客观上加大了应急管理难度。

三、应急管理的基本原则和任务

（一）基本原则

应急管理关系到公众的生命和财产安全，涉及政府的应急职能部门，必要时需要多部门联动并协调合作。因此，要把握以下基本原则：

1. 以人为本，安全第一。把保障公众的生命安全和身体健康、最大限度地预防和减少突发事件造成的人员伤亡作为首要任务，切实加强应急救援人员的安全防护工作。

2. 统一领导，分级负责。在党中央、国务院的统一领导下，各级党委、政府负责做好本区域的应急管理工作。在政府应急管理组织的协调下，各相关单位按照各自的职责和权限，负责应急管理和应急处置工作。企业要认真履行安全生产责任主体的职责，建立与政府应急预案和应急机制相匹配的应急体系。

3. 预防为主，防救结合。贯彻落实"预防为主，预防与应急相结合"的原则。做好预防、预测、预警和预报工作，做好常态下的风险评估、物资储备、队伍建设、装备完善、预案演练等工作。

4. 快速反应，协同应对。加强应急队伍建设，加强区域合作和部门合作，建立协调联动机制，形成统一指挥、反应灵敏、功能齐全、协调有序、运转高效的应急管理快速应对机制。充分发挥专业救援力量的骨干作用和社会公众的基础作用。

5. 社会动员，全民参与。发挥政府的主导作用，发挥企事业单位、社区和志愿者队伍的作用，动员企业及全社会的人力、物力和财力，依靠公众力量，形成应对突发事件的合力。同时，增强公众的公共安全和风险防范意识，提高全社会的避险救助能力。

6. 依靠科学，依法规范。采用先进的救援装备和技术，充分发挥专家的作用，实行科学民主决策，增强应急救援能力；依法规范应急管理工作，确保应急预案的科学性、权威性和可操作性。

7. 信息公开，引导舆论。在应急管理中，要满足社会公众的知情权，做到信息透明、信息公开，但是，涉及国家机密、商业机密和个人隐私的信息除外。不仅如此，还要积极地对社会公众的舆情进行监控，了解社会公众的所思、所想、所愿，对舆情进行正确、有效的引导。

（二）基本任务

应急管理的基本任务概括起来主要有以下七个方面：

1. 预防准备

应急管理的首要任务是预防突发事件的发生。要通过应急管理预防行动和准备行动，建立突发事件源头防控机制，建立健全应急管理体制、制度，有效地控制突发事件的发生，做好突发事件的应对工作准备。

2. 预测预警

及时预测突发事件的发生并向社会预警，是减少突发事件损失的最有效措施，也是应急管理的主要工作。采取传统与科技手段相结合的办法进行预测，将突发事件消除在萌芽状态。一旦发现不可消除的突发事件，及时向社会预警。

3. 响应控制

突发事件发生后，能够及时启动应急预案，实施有效的应急救援行动，防止事件的进一步扩大和发展，是应急管理的重中之重。特别是发生在人口稠密区域的突发事件，应快速组织相关应急职能部门联合行动，控制事件继续发展。

4. 资源协调

应急资源是实施应急救援和事后恢复的基础，应急管理机构应该在合理布局应急资源的前提下，建立科学的资源共享与调配机制，有效利用可用资源，防止在应急救援中出现资源短缺的情况。

5. 抢险救援

确保在应急救援行动中，及时、有序、科学地实施现场抢救和安全转送人员，以完成降低伤亡率、减少突发事件损失的应急管理的重要任务。特别是突发事件发生的突然性，发生后的迅速扩散以及波及范围广、危害性大的特点，要求应急救援人员及时指挥和组织群众采取各种措施做好自身防护，并迅速撤离危险区域或可能发生危险的区域，同时在撤离过程中积极开展公众自救与互救工作。

6. 信息管理

突发事件的信息管理既是应急响应和应急处置的源头工作，也是避免引起公众恐慌的重要手段。应急管理机构应当以现代信息技术为支撑，如综合信息应急平台，保持信息的畅通，以协调各部门、各单位的工作。

7. 善后恢复

应急处置后,应急管理的重点应该放在安抚受害人员及其家属、稳定局面、清理受灾现场、尽快使系统功能恢复或者部分恢复上,并及时调查突发事件的发生原因和性质,评估危害范围和危害程度。

四、应急管理对象

应急管理是对突发事件事前、事发、事中、事后发生发展全过程的管理,是突发事件事前、事后的管理与事发、事中的应急的有机统一。换句话说,应急管理的对象是突发事件。

(一)突发事件的概念

突发事件是指突然发生,可能造成严重社会危害,需要采取应急处置措施的紧急事件。在我国,《突发事件应对法》将"突发事件"界定为:突然发生,造成或者可能造成严重社会危害,需要采取应急措施予以应对的自然灾害、事故灾难、公共卫生事件和社会安全事件。

突发事件有四个方面的含义:

事件的突发性——事件发生突然,难以预料。

事件的严重性——事件造成或者可能造成严重社会危害。

事件的紧急性——事件需要采取应急措施予以应对,否则将出现严重后果。

事件的类别性——我国把各种突发事件划分为自然灾害、事故灾难、公共卫生事件和社会安全事件四类,从而有利于事件的分类管理。

(二)突发事件的特征

突发事件涉及的类型众多,每类突发事件都具有一定的特性。但整体来看,突发事件具有以下共同特征。

1. 突发性

突发是相对于非突发而言的。绝大多数突发事件是在人们缺乏充分准备的情况下发生的,使人们的正常生活受到影响,使社会的有序发展受到干扰。由于事发突然,首先,人们在心理上没有做好充分的思想准备,会产生烦躁、不安、恐惧等情绪;其次,社会在资源上没有做好充分的保障准备,需要临时调集各类应急资源;再次,管理者在措施上没有做好充分的设计准备,必须针对具体情况制定处置措施。虽然有些突发事件存在发生征兆和预警的可能,但由于真实发生的时间和地点难以准确预见,同样具有突发性。

2. 不确定性

突发事件具有高度的不确定性：一方面，发生状态具有不确定性。突发事件在什么时间、什么地点、以何种形式和规模爆发通常是无法提前预知的。有些自然灾害通过科技手段和经验知识，能够减少某些不确定因素，但是很难确定是哪些不确定因素造成的结果。如果突发事件没有不确定因素，也就不属于突发事件，这样的事件可预先做好充分的准备工作，用通常的办法去应对。另一方面，事态变化具有不确定性。突发事件发生之后，由于信息不充分和时间紧迫，绝大多数情况下的决策属于非程序化决策，响应人员与公众对形势的判断和具体的行动以及媒体的新闻报道，都会对事态的发展造成影响。许多不确定因素在随时发生变化，事态的发展也会随之出现变化。

3. 破坏性

突发事件的破坏性来自多个方面：对公众生命构成威胁、对公共财产造成损失、对各种环境产生破坏、对社会秩序造成紊乱和对公众心理制造障碍。在危害发生后，由于人们缺乏各方面的充分准备，难免出现人员伤亡和财产损失，造成自然环境、生态环境、生活环境和社会环境的破坏，打乱社会秩序的正常运行节奏，引发公众心理的不安、烦躁和恐慌情绪。有些破坏是暂时性的，会随着突发事件处置的结束逐步消除；而有些破坏产生的影响则是长期的，少则几年，多则几十年，甚至达到百年、数百年。如果对突发事件的处置不当或不及时，可能还会带来经济危机、社会危机和政治危机，造成难以预计的不良后果。

4. 衍生性

衍生性是指由原生突发事件的产生而导致其他类型突发事件的发生。有两种情况：一种情况是衍生突发事件的危害程度、影响范围低于原生突发事件，社会的主要力量和精力集中于原生突发事件的处置，应急活动的主要对象不会发生改变；另一种情况是衍生突发事件的危害程度、影响范围高于原生突发事件，从本质上讲，问题的主要矛盾已发生了转移，应急活动的主要对象已产生了变化，需要重新调整社会力量和精力，解决面临的主要问题。对于后者而言，只有少数情况是难以避免的，多数情况是由于处置时对问题考虑不周和控制失误所导致的。

5. 扩散性

随着社会的进步和现代交通与通信技术的发展，地区、地域和全球一体化的进程在不断加快，相互之间的依赖性更为突出，使得突发事件造成的影响不再仅仅局限于发生地，会通过内在联系引发跨地区的扩散和传播，波及其他地域，形成更为广泛的影响。而且有些突发事件本身带有一定的国际性色彩，在其产生的背后具有某些国际势力的支持，自然会出现联动效应，如恐怖事件、社会骚乱，这些都会给突发事件的应对带来更大的难度。

6. 社会性

社会性是指突发事件会对社会系统的基本价值观和行为准则构架产生影响，其影响涉及的主体是公众。在应对突发事件的过程中，整个社会会重新审视以往的群体价值观念，通过认识和思考，重新调整社会系统的行为准则和生活方式，重新塑造自身的基本价值观。

7. 周期性

突发事件类型多种多样，但都具有基本相同的生存过程，都要经历潜伏期、爆发期、影响期和结束期四个阶段的演变，这也就是突发事件的生命周期。

潜伏期一般时间较长，在此期间突发事件处于质变前的一个量的积累过程，待量积累至一定的程度后，便处于一触即发的状态，一旦"导火索"被引燃，就会立即爆发出来，给社会带来危害。

爆发期是突发事件发生质变后的一个能量宣泄过程，此阶段一般持续时间比较短而猛烈。受"导火索"的触发，潜伏期逐步积累起来的能量通过一定的形式快速释放，产生巨大的破坏力，给整个社会带来不同程度的危害。

影响期是在突发事件爆发之后，由此造成的灾难还在持续产生作用，破坏力还在延续的阶段。在许多情况下，影响期与爆发期之间没有明显的界限划分，两者是交叉重叠的。

突发事件的危害和影响得到控制之后进入结束期。这一时期按照不同的标准会有不同的结论。从管理的角度出发，可以以社会恢复正常运行状态为结束标志；从过程的角度出发，可以以危害和影响完全消除作为结束标志。

（三）突发事件的类别

1. 突发事件的类型

突发事件的种类纷繁复杂，可以从不同的角度对其进行划分。从诱因方面考虑，可以分为自然性突发事件和社会性突发事件，这里的社会性突发事件又可进一步分为经济危机类、公共卫生事件类、事故灾难类、社会安全事件类；从危害程度考虑，可分为轻度危害、中度危害和重度危害的突发事件；从是否可预测方面考虑，可分为可预测突发事件和不可预测突发事件；从防控情势考虑，可分为可防可控突发事件和不可防不可控突发事件；从影响范围考虑，可分为地方性、国家性或区域性、世界性的突发事件。

在我国，突发事件根据发生原因、机理、过程、性质和危害对象的不同分为四类，即自然灾害、事故灾难、公共卫生事件和社会安全事件。

（1）自然灾害。主要包括干旱、洪涝、台风、冰雹、沙尘暴等气象灾害，地震、山体滑坡、泥石流等地震地质灾害，风暴潮、海啸、赤潮等海洋灾害，森林草原火灾、农作物病虫害等生物灾害，共有五类。

由于所处的自然地理环境和特有的地质构造条件，我国是世界上遭受自然灾害侵袭最为严重的国家之一。特大自然灾害经常发生，给社会生活造成了巨大的损失，对公众的生命、健康和财产安全提出了严峻的挑战。特别是在全球气候变暖的背景下，经常出现由极端天气引发的自然灾害。

（2）事故灾难。主要包括铁路、公路、民航、水运等交通运输事故，工矿商贸等企业的安全生产事故，城市水、电、气、热等公共设施设备事故，核与辐射事故，环境污染与生态破坏事故等。进入21世纪后，由于我国经济发展所处的特定阶段，生产安全事故，特别是各种矿难频繁发生。

（3）公共卫生事件。主要包括传染病疫情、群体性不明原因疾病、食物与职业中毒、动物疫情及其他严重影响公众健康和生命安全的事件。

（4）社会安全事件。主要包括恐怖袭击事件、经济安全事件、涉外突发事件、重大刑事案件、群体性事件等。我国正处在人民内部矛盾的凸显期、刑事犯罪的高发期和对敌斗争的复杂期。因而，绝不能对社会安全事件的防范与处置有丝毫的懈怠和麻痹，特别是要建立社会公众的利益表达机制和矛盾调处机制，标本兼治，根除社会安全事件滋生的土壤。

对突发事件进行分类的意义：在应急管理中，要明确责任主体，方便专业性、技术性强的突发事件的处置。在突发事件的处置过程中，要遵循专业处置的原则以避免次生、衍生灾害的发生。

此外，突发事件的分类是静态的，但是，突发事件的演进却是动态的。各类突发事件之间往往是相互关联、相互渗透的，需要各个部门协同应急、合成应急。自然因素导致基础设施瘫痪，进而演化为技术灾难；基础设施因相互依赖而产生互动效应，其影响迅速向全社会扩散，造成社会生产、生活的无序状态，暴露出我国在重要物资生产、储备上的严重问题。可以说，自然因素引发了技术灾难，而技术灾难又放大了自然因素的社会影响，突出了隐性的社会经济问题。因而，在现代社会，要关注系统性的风险，一定要以系统的眼光来认识突发事件。应急管理在坚持分类管理的同时，也要提倡部门之间的相互协同，从而形成应对突发事件的强大合力。

2. 突发事件的级别

在我国，按照社会危害程度、影响范围、突发事件性质和可控性等因素，可以将自然灾害、事故灾难、公共卫生事件分为四个等级，即特别重大、重大、较大和一般。法律、行政法规或国务院另有规定的，从其规定。例如，核事故等级的划分：

一般事件——预计将要发生一般以上的突发事件,事件即将临近,事态可能会扩大。

较大事件——预计将要发生较大以上的突发事件,事件即将临近,事态有扩大的趋势。

重大事件——预计将要发生重大以上的突发事件,事件即将临近,事态正在逐步扩大。

特大事件——预计将要发生特别重大的突发事件,事件会随时发生,事态在不断蔓延。

又如,根据事故造成的人员伤亡或者经济损失,国务院《生产安全事故报告和调查处理条例》将生产安全事故分为以下等级:

特别重大事故——是指造成30人以上死亡,或者100人以上重伤(包括急性工业中毒,下同),或者1亿元以上直接经济损失的事故。

重大事故——是指造成10人以上30人以下死亡,或者50人以上100人以下重伤,或者5 000万元以上1亿元以下直接经济损失的事故。

较大事故——是指造成3人以上10人以下死亡,或者10人以上50人以下重伤,或者1 000万元以上5 000万元以下直接经济损失的事故。

一般事故——是指造成3人以下死亡,或者10人以下重伤,或者1000万元以下直接经济损失的事故。

突发事件分级的主要意义:规定了我国各级人民政府对突发事件的管辖范围。一般和较大的突发事件分别由县和地市级人民政府领导处置工作,重大突发事件由省级人民政府领导处置工作,特别重大的突发事件由国务院统一领导处置工作。这是因为,我国应急资源的配置特点是政府的行政级别越高,所掌控的应急资源越多,处置突发事件的能力也就越强。

对于突发事件的分级,必须注意以下几点:突发事件的分级标准由国务院或者国务院确定的部门制定;我国对突发事件分级的具体标准有待进一步明晰;突发事件处于不断的演进过程,分级是动态的;当突发事件情势不够明朗时,分级应遵循"就高不就低"的原则;分级要突出"三敏感"的原则,即对敏感时间、敏感地点和敏感性质的事件定级要从高。

此外,还必须注意:社会安全事件是不分级的。这是因为社会安全事件不同于其他三类突发事件,其演进呈现出非线性的特点。社会安全事件经常会出现发展变化的"蝴蝶效应"。

第二节　应急基本程序

一、应急响应

1. 事故单位应立即启动应急预案，组织成立现场指挥部，制订科学、合理的救援方案，并统一指挥实施。

2. 事故单位在开展自救的同时，应按照有关规定向当地政府部门报告。

3. 政府有关部门在接到事故报告后，应立即启动相关预案，赶赴事故现场（或应急指挥中心），成立总指挥部，明确总指挥、副总指挥及有关成员单位或人员职责分工。

4. 现场指挥部根据情况，划定本单位警戒隔离区域，抢救、撤离遇险人员，制定现场处置措施（工艺控制、工程抢险、防范次生衍生事故），及时将现场情况及应急救援进展报总指挥部，向总指挥部提出外部救援力量、技术、物资支持、疏散公众等请求和建议。

5. 总指挥部根据现场指挥部提供的情况对应急救援进行指导，划定事故单位周边警戒隔离区域，根据现场指挥部请求调集有关资源、下达应急疏散指令。

6. 外部救援力量根据事故单位的需求和总指挥部的协调安排，与事故单位合力开展救援。

7. 现场指挥部和总指挥部应及时了解事故现场情况，主要了解下列内容：

第一，遇险人员伤亡、失踪、被困情况。

第二，危险化学品危险特性、数量，应急处置方法等信息。

第三，周边建筑、居民、地形、电源、火源等情况。

第四，事故可能导致的后果及对周围区域的可能影响范围和危害程度。

第五，应急救援设备、物资、器材、队伍等应急力量情况。

第六，有关装置、设备、设施损毁情况。

8. 现场指挥部和总指挥部根据情况变化，对救援行动及时做出相应调整。

二、组织指挥程序

组织指挥一般按照下列程序进行：

第一，迅速调集作战力量；

第二，启动指挥决策系统；

第三，侦察现场情况；

第四，制订作战方案；

第五，部署作战任务；

第六，指挥战斗行动；

第七，掌握现场变化；

第八，调整力量部署；

第九，落实战勤保障。

三、警戒隔离

1. 根据现场危险化学品自身及燃烧产物的毒害性、扩散趋势、火焰辐射热和爆炸、泄漏所涉及的范围等相关内容对危险区域进行评估，确定警戒隔离区。

2. 在警戒隔离区边界设警示标志，并设专人负责警戒。

3. 对通往事故现场的道路实行交通管制，严禁无关车辆进入。清理主要交通干道，保证道路畅通。

4. 合理设置出入口，除应急救援人员外，严禁无关人员进入。

5. 根据事故发展、应急处置和动态监测情况，适当调整警戒隔离区。

四、人员防护与救护

（一）应急救援人员防护

1. 调集所需安全防护装备，现场应急救援人员应针对不同的危险特性，采取相应安全防护措施后，方可进入现场救援。

2. 控制、记录进入现场救援人员的数量。

3. 现场安全监测人员若遇直接危及应急人员生命安全的紧急情况，应立即报告救援队伍负责人和现场指挥部，救援队伍负责人、现场指挥部应当迅速做出撤离决定。

（二）遇险人员救护

1. 救援人员应携带救生器材迅速进入现场，将遇险受困人员转移到安全区。

2. 将警戒隔离区内与事故应急处理无关人员撤离至安全区，撤离要选择正确方向和路线。

3. 对救出人员进行现场急救和登记后，交专业医疗卫生机构处置。

（三）公众安全防护

1. 总指挥部根据现场指挥部疏散人员的请求，决定并发布人员疏散命令。
2. 应选择安全的疏散路线，避免横穿危险区。
3. 根据危险化学品的危害特性，指导疏散人员就地取材（如毛巾、湿布、口罩），采取简易有效的措施保护自己。

五、现场处置

（一）火灾爆炸事故处置

1. 扑灭现场明火应坚持先控制后扑灭的原则。依危险化学品性质、火灾大小采用冷却、堵截、突破、夹攻、合击、分割、围歼、破拆、封堵、排烟等方法进行控制与灭火。
2. 根据危险化学品特性，选用正确的灭火剂。禁止用水、泡沫等含水灭火剂扑救遇湿易燃物品、自燃物品火灾；禁用直流水冲击扑灭粉末状、易沸溅危险化学品火灾；禁用砂土盖压扑灭爆炸品火灾；宜使用低压水流或雾状水扑灭腐蚀品火灾，避免腐蚀品溅出；禁止对液态轻烃强行灭火。
3. 根据有关生产部门监控装置工艺变化情况，做好应急状态下生产方案的调整和相关装置的生产平衡，优先保证应急救援所需的水、电、气、交通运输车辆和工程机械。
4. 根据现场情况和预案要求，及时决定有关设备、装置、单元或系统紧急停车，避免事故扩大。

（二）泄漏事故处置

1. 控制泄漏源

（1）在生产过程中发生泄漏，事故单位应根据生产和事故情况，及时采取控制措施，防止事故扩大。采取停车、局部打循环、改走副线或降压堵漏等措施。

（2）在其他储存、使用等过程中发生泄漏，应根据事故情况，采取转料、套装、堵漏等控制措施。

2. 控制泄漏物

（1）泄漏物控制应与泄漏源控制同时进行。

（2）对气体泄漏物可采取喷雾状水、释放惰性气体、加入中和剂等措施，降低泄漏物的浓度或燃爆危害。喷水稀释时，应筑堤收容产生的废水，防止水体污染。

（3）对液体泄漏物可采取容器盛装、吸附、筑堤、挖坑、泵吸等措施进行收集、阻挡或转移。若液体具有挥发及可燃性，可用适当的泡沫覆盖泄漏液体。

（三）中毒窒息事故处置

1. 立即将染毒者转移至上风向或侧上风向空气无污染区域，并进行紧急救治。
2. 经现场紧急救治，伤势严重者立即送医院观察治疗。

（四）其他处置要求

1. 现场指挥人员发现危及人身生命安全的紧急情况，应迅速发出紧急撤离信号。
2. 若因火灾爆炸引发泄漏中毒事故，或因泄漏引发火灾爆炸事故，应统筹考虑，优先采取保障人员生命安全，防止灾害扩大的救援措施。
3. 维护现场救援秩序，防止救援过程中发生车辆碰撞、车辆伤害、物体打击、高处坠落等事故。

六、现场监测

1. 对可燃、有毒有害危险化学品的浓度、扩散等情况进行动态监测。
2. 测定风向、风力、气温等气象数据。
3. 确认装置、设施、建（构）筑物已经受到的破坏或潜在的威胁。
4. 监测现场及周边污染情况。
5. 现场指挥部和总指挥部根据现场动态监测信息，适时调整救援行动方案。

七、洗消

1. 在危险区与安全区交界处设立洗消站。
2. 使用相应的洗消药剂，对所有染毒人员及工具、装备进行洗消。

八、现场清理

1. 彻底清除事故现场各处残留的有毒有害气体。
2. 对泄漏液体、固体应统一收集处理。
3. 对污染地面进行彻底清洗，确保不留残液。
4. 对事故现场空气、水源、土壤污染情况进行动态监测，并将监测信息及时报告现场指挥部和总指挥部。
5. 洗消污水应集中净化处理，严禁直接外排。

6. 若空气、水源、土壤出现污染，应及时采取相应处置措施。

九、信息发布

1. 事故信息由总指挥部统一对外发布。
2. 信息发布应及时、准确、客观、全面。

十、救援结束

1. 事故现场处置完毕，遇险人员全部救出，可能导致次生、衍生灾害的隐患得到彻底消除或控制，由总指挥部发布救援行动结束指令。
2. 清点救援人员、车辆及器材。
3. 解除警戒，指挥部解散，救援人员返回驻地。
4. 事故单位对应急救援资料进行收集、整理、归档，对救援行动进行总结评估，并报上级有关部门。

第三节　应急预案

应急预案是指一个政府或组织针对突发事件所采取的全部行动方案。突发事件如自然灾害、重特大事故、环境危害及人为破坏的应急管理、指挥、救援计划等，一般应建立在综合防灾规划上。它包括几个重要的子系统：完善的应急组织管理指挥系统，强有力的应急工程救援保障体系，综合协调、应对自如的相互支持系统，充分备灾的保障供应体系，体现综合救援的应急队伍等。应急预案是针对具体设备、设施、场所和环境，在安全评价的基础上，为降低事故造成的人身、财产与环境损失，就事故发生后的应急救援机构和人员，应急救援的设备、设施、条件和环境，行动的步骤和纲领，控制事故发展的方法和程序等，预先做出科学而有效的计划和安排。

应急管理预案是综合性的事故应急预案，这类预案详细描述事故前、事故过程中和事故后何人做何事，什么时候做，如何做。这类预案要明确制定每一项职责的具体实施程序。应急管理预案包括事故应急的四个逻辑步骤，即预防、准备、响应和恢复。

一、应急预案的分类与内容

（一）应急预案的分类

1. 按照制订主体划分

应急预案按照制订主体划分，分为政府及其部门应急预案、单位和基层组织应急预案两大类。

（1）政府及其部门应急预案

由各级人民政府及其部门制订，包括总体应急预案、专项应急预案、部门应急预案等。

①总体应急预案：是应急预案体系的总纲，是政府组织应对突发事件的总体制度安排，由县级以上各级人民政府制订。

②专项应急预案：是政府为应对某一类型或某几种类型突发事件，或者针对重要目标物保护、重大活动保障、应急资源保障等重要专项工作而预先制订的涉及多个部门职责的工作方案，由有关部门牵头制订，报本级人民政府批准后印发实施。

③部门应急预案：是根据总体应急预案、专项应急预案和部门职责，为应对本部门（行业、领域）突发事件，或者针对重要目标物保护、重大活动保障、应急资源保障等涉及部门工作而预先制订的工作方案，由各级政府有关部门制订。

注意：鼓励相邻、相近的地方人民政府及其有关部门联合制订应对区域性、流域性突发事件的联合应急预案。

（2）单位和基层组织应急预案

由机关、企事业单位、社会团体和居委会、村委会等法人和基层组织制订，侧重明确应急响应责任人、风险隐患监测、信息报告、预警响应、应急处置、人员疏散撤离组织和路线、可调用或可请求援助的应急资源情况及如何实施等，体现自救互救、信息报告和先期处置。

注意：大型企业集团可根据相关标准规范和实际工作需要，参照国际惯例，建立本集团应急预案体系。

2. 按照预案功能划分

按照预案功能划分，应急预案可以分为综合应急预案、专项应急预案、现场应急预案、重大活动应急预案和企事业单位应急预案。应急预案还可以按照行业来分，比如信息安全应急预案就是有效应对信息安全突发事件的关键。

应急预案应形成体系，针对各级各类可能发生的事故和所有危险源制订专项应急预案和现场处置方案，并明确事前、事发、事中、事后的各个过程中相关部门和有关人员的职责。

生产规模小、危险因素少的生产经营单位，综合应急预案和专项应急预案可以合并编写。

（1）综合应急预案

综合应急预案是从总体上阐述事故的应急方针、政策，应急组织结构及相关应急职责、应急行动、措施和保障等基本要求和程序，是应对各类事故的综合性文件。综合应急预案应当包括本单位的应急组织机构及其职责、预案体系及响应程序、事故预防及应急保障、应急培训及预案演练等主要内容。

（2）专项应急预案

专项应急预案是针对具体的事故类别（如煤矿瓦斯爆炸、危险化学品泄漏等事故）、危险源和应急保障而制订的方案，是综合应急预案的组成部分，应按照应急预案的程序和要求组织制订，并作为综合应急预案的附件。专项应急预案应制定明确的救援程序和具体的应急救援措施。专项应急预案应当包括危险性分析、可能发生的事故特征、应急组织机构与职责、预防措施、应急处置程序和应急保障等内容。

（3）现场应急预案

现场应急预案是针对具体的装置、场所、设施或岗位所制定的应急处置措施。现场应急预案应具体、简单、针对性强，应根据风险评估及危险性控制措施逐一编制，做到事故相关人员应知应会、熟练掌握，并通过应急演练，做到迅速反应、正确处置。现场应急预案应当包括危险性分析、可能发生的事故特征、应急处置程序、应急处置要点和注意事项等内容。

（4）重大活动应急预案

政府部门或活动组织机构针对城市大型公众聚集活动（例如经济、文化、体育、民俗、娱乐、集会等活动）和高风险的建筑施工活动（例如城市人口高密度区域建筑物的爆破、水库大坝合龙、城市生命线施工维护等活动）而制订的临时性应急行动方案。随着这些活动的结束，预案的有效性也随之终结。预案的内容主要是针对活动中可能出现的紧急情况，预先对相关应急机构的职责、任务和预防性措施做出安排。

（5）企事业单位应急预案

根据企事业单位自身的行业性质和风险特点，针对某一类或几类突发事件的应急预案，具有专项预案的特征。

（二）应急预案的内容

应急预案可根据《突发事件应急预案管理办法》《生产安全事故应急预案管理办法》、

《生产经营单位生产安全事故应急预案编制导则》（GB/T 29639—2020）进行编制。应急预案主要内容应包括以下几点。

1. 总则：说明编制预案的目的、工作原则、编制依据和适用范围等。

2. 组织指挥体系及职责：明确各组织机构的职责、权力和义务，以突发事故应急响应全过程为主线，明确事故发生、报警、响应、结束、善后处理处置等环节的主管部门与协作部门；以应急准备及保障机构为支线，明确各参与部门的职责。

3. 预警和预防机制：包括信息监测与报告、预警预防行动、预警支持系统、预警级别及发布（建议分为四级预警）。

4. 应急响应：包括分级响应程序（原则上按一般、较大、重大、特别重大四级启动相应预案），信息共享和处理，通信，指挥和协调，紧急处置，应急人员的安全防护，群众的安全防护，社会力量动员与参与，事故调查分析、检测与后果评估，新闻报道，应急结束共 11 个要素。

5. 后期处置：包括善后处置、社会救助、保险、事故调查报告和经验教训总结及改进建议。

6. 保障措施：包括通信与信息保障，应急支援与装备保障，技术储备与保障，宣传、培训和演习，监督检查等。

7. 附则：包括有关术语、定义，预案管理与更新，国际沟通与协作，奖励与责任，制订与解释部门，预案实施或生效时间等。

8. 附录：包括相关的应急预案、预案总体目录、分预案目录、各种规范化格式文本，相关机构和人员通信录等。

二、应急预案编制要素

应急预案是针对可能发生的重大事故所需的应急准备和应急响应行动而编制的指导性文件。其核心内容如下：对紧急情况或事故灾害及其后果的预测、辨识和评估；规定应急救援各方组织的详细职责；应急救援行动的指挥与协调；应急救援中可用的人员、设备、设施、物资、经费保障和其他资源，包括社会和外部援助资源等；在紧急情况或事故灾害发生时保护生命、财产和环境安全的措施；现场恢复；其他，如应急培训和演练、法律法规的要求等。

一个完善的应急预案按相应的过程可分为 6 个一级关键要素，包括：方针与原则、应急策划、应急准备、应急响应、现场恢复、预案管理与评审改进。6 个一级要素之间既相对独立，又紧密联系，从应急的方针、策划、准备、响应、恢复到预案的管理与评审改进，形成了一个有机联系并持续改进的体系结构。根据一级要素中所包括的任务和功能，其中应急策划、应急准备和应急响应3个一级关键要素可进一步划分成若干个二级小要素。所有这些要素即构成了重大事故应急预案的核心要素。这些要素是重大事故应急预案编制所应当涉及的基本方面，在实际编制时，可根据职能部门的设置和职责分工等具体情况，将要素进行合并或增加，以便于组织编写。

（一）方针与原则

应急救援体系首先应有一个明确的方针和原则作为指导应急救援工作的纲领。方针与原则反映了应急救援工作的优先方向、政策、范围和总体目标，如保护人员安全优先、防止和控制事故蔓延优先、保护环境优先。此外，方针与原则还应体现事故损失控制、预防为主、常备不懈、统一指挥、高效协调以及持续改进的思想。

（二）应急策划

应急预案是有针对性的，具有明确的对象，其对象可能是某一类或多类可能的重大事故类型。应急预案的制订必须基于对所针对的潜在事故类型有一个全面系统的认识和评价，识别出重要的潜在事故类型、性质、区域、分布及事故后果，同时，根据危险分析的结果，分析应急救援的应急力量和可用资源情况，并提出建设性意见。在进行应急策划时，应当列出国家、地方相关的法律法规，以作为制订预案、开展应急工作的依据和授权。应急策划包括危险分析、资源分析以及法律法规要求3个二级要素。

1. 危险分析

危险分析的最终目的是要明确应急对象（可能存在的重大事故）、事故性质及其影响范围、后果严重程度等，为应急准备、应急响应和减灾措施提供决策和指导依据。

危险分析包括危险识别、脆弱性分析和风险分析。危险分析应依据国家和地方有关的法律法规要求，根据具体情况进行。

危险分析的结果应能提供以下内容：

（1）地理、人文（包括人口分布）、地质、气象等信息。

（2）功能布局（包括重要保护目标）及交通情况。

（3）重大危险源分布情况及主要危险物质种类、数量及理化、消防等特性。

（4）可能的重大事故种类及对周边的后果分析。

（5）特定的时段（如人群高峰时间、度假季节、大型活动等）。

（6）可能影响应急救援的不利因素。

2. 资源分析

针对危险分析所确定的主要危险，明确应急救援所需的资源，列出可用的应急力量和资源，包括：各类应急力量的组成及分布情况，各种重要应急设备、物资的准备情况，上级救援机构或周边可用的应急资源。

通过资源分析，可为应急资源的规划与配备、与相邻地区签订互助协议和预案编制提供指导。

3. 法律法规要求

有关应急救援的法律法规是开展应急救援工作的重要前提和保障。应急策划时，应列出国家、地方涉及应急各部门职责要求以及应急预案、应急准备和应急救援的法律法规文件，以作为预案编制和开展应急工作的依据和授权。

（三）应急准备

应急预案能否在应急救援中成功地发挥作用，不仅取决于应急预案自身的完善程度，还取决于应急准备的充分与否。应急准备应当依应急策划的结果开展，包括各应急组织及其职责权限的明确、应急资源的准备、公众教育、应急人员培训、预案演练和互助协议的签署等。

1. 明确应急组织机构及其职责权限。
2. 应急队伍的建设。
3. 应急人员的训练与演习。

应急训练的基本内容主要包括基础培训与训练、专业训练、战术训练及其他训练等。基础培训与训练的目的是保证应急人员具备良好的体能、战斗意志和作风，明确各自的职责，熟悉潜在重大危险的性质、救援的基本程序和要领，熟练掌握个人防护装备和通信装备的使用等；专业训练关系到应急队伍的实战能力，训练内容主要包括专业常识、堵源技术、抢运和清消及现场急救等技术；战术训练是各项专业技术的综合运用，使各级指挥员和救援人员具备良好的组织指挥能力和应变能力；其他训练应根据实际情况选择开展，如防化、气象、侦检技术及综合训练等项目的训练，以进一步提高救援队伍的救援水平。

预案演习是对应急能力的综合检验。应急演习包括桌面演习和实战模拟演习。组织由应急各方参加的预案训练和演习，使应急人员进入"实战"状态，熟悉各类应急处理和整个应急行动的程序，明确自身的职责，提高协同作战能力。同时，应对演练结果进行评估，分析应急预案存在的不足，并予以改进和完善。

4. 应急物资的储备。

5. 应急装备的配备。

6. 信息网络的建立。

7. 应急预案的演练。

8. 公众应急知识的培训。

9. 签订必要的互助协议。

当有关的应急力量与资源相对薄弱时，应事先寻求与邻近区域签订正式的互助协议，并做好相应安排，以便在应急救援中及时得到外部救援力量和资源的援助。此外，也应与社会专业技术服务机构、物资供应企业等签署相应的互助协议。《生产安全事故应急条例》规定，可以与邻近的应急救援队伍签订应急救援协议，工业园区、开发区等产业聚集区域内的生产经营单位，可以联合建立应急救援队伍。

（四）应急响应

应急响应的核心功能和任务包括：接警与通知、指挥与控制、警报和紧急公告、通信、事态监测与评估、警戒与治安、人群疏散与安置、医疗与卫生、公共关系、应急人员安全、消防和抢险、泄漏物控制。

1. 接警与通知

准确了解事故的性质和规模等初始信息，是决定启动应急救援的关键。接警作为应急响应的第一步，必须对接警要求做出明确规定，以保证迅速、准确地向报警人员询问事故现场的重要信息。接警人员接受报警后，应按预先确定的通报程序，迅速向有关应急机构、政府及上级部门发出事故通知，以采取相应的行动。

2. 指挥与控制

重大事故的应急救援往往涉及多个救援机构，因此，对应急行动的统一指挥和协调是应急救援有效开展的关键。应建立分级响应、统一指挥、协调和决策程序，以便对事故进行初始评估，确认紧急状态，迅速有效地进行应急响应决策，建立现场工作区域，确定重点保护区域和应急行动的优先原则，指挥和协调现场各救援队伍开展救援行动，合理高效地调配和使用应急资源。

3. 警报和紧急公告

当事故可能影响到周边地区，对周边地区的公众可能造成威胁时，应及时启动警报系统，向公众发出警报，同时通过各种途径向公众发出紧急公告，告知事故的性质、对健康的影响、自我保护措施和注意事项等，以保证公众能够及时做出自我防护响应。决定实施疏散时，应通过紧急公告确保公众了解疏散的有关信息，如疏散时间、疏散路线、随身携带物、交通工具及目的地等。

该部分应明确在发生重大事故时，如何向受影响的公众发出警报，包括什么时候、谁有权决定启动警报系统，各种警报信号的不同含义，警报系统的协调使用，可使用的警报装置的类型和位置，以及警报装置覆盖的地理区域。如有可能，应指定备用措施。

4. 通信

通信是应急指挥、协调和与外界联系的重要保障，在现场指挥部、应急中心、各应急救援组织、新闻媒体、医院、上级政府和外部救援机构等之间，必须建立畅通的应急通信网络。该部分应说明主要通信系统的来源、使用、维护以及应急组织通信需要的详细情况等，并充分考虑紧急状态下的通信保障能力，建立备用的通信系统。

5. 事态监测与评估

事态监测与评估在应急救援和应急恢复决策中具有关键的支持作用。在应急救援过程中必须对事故的发展态势及影响及时进行动态监测，建立对事故现场及场外进行监测和评估的程序。其中包括：由谁来负责监测与评估活动、监测仪器设备及监测方法、实验室化验及检验支持、监测点的设置、监测点的现场工作及报告程序等。

可能的监测活动包括：事故影响边界，气象条件，对食物、饮用水卫生以及水体、土壤、农作物等的污染，可能的二次反应有害物，爆炸危险性和受损建筑垮塌危险性，以及污染物质滞留区等。

6. 警戒与治安

为保障现场应急救援工作的顺利开展，在事故现场周围建立警戒区域，实施交通管制，维护现场治安秩序是十分必要的。其目的是防止与救援无关的人员进入事故现场，保障救援队伍、物资运输和人群疏散等的交通畅通，并避免发生不必要的伤亡。此外，警戒与治安还应该协助发出警报、现场紧急疏散、人员清点、传达紧急信息、执行指挥机构的通告、协助事故调查等。对危险物质事故，必须列出警戒人员有关个体防护的准备。

7. 人群疏散与安置

人群疏散是减少人员伤亡扩大的关键，也是最彻底的应急响应。应当对疏散的紧急情况和决策、预防性疏散准备、疏散区域、疏散距离、疏散路线、疏散运输工具、安全庇护场所以及回迁等做出细致的规定和准备，应充分考虑疏散人群的数量、所需要的时间和可利用的时间、风向等环境变化，以及老弱病残等特殊人群的疏散等问题。对已实施临时疏散的人群，要做好临时生活安置，保障必要的水、电、卫生等基本条件。

8. 医疗与卫生

对受伤人员采取及时有效的现场急救以及合理地转送医院进行治疗，是减少事故现场人员伤亡的关键。在该部分应明确针对遭受可能的重大事故，为现场急救、伤员运送、治疗及健康监测等所做的准备和安排，包括：可用的急救资源列表，如急救中心、救护车和现场急救人员的数量；医院、职业中毒治疗医院及烧伤等专科医院的列表，如数量、分布、可用病床、治疗能力等；抢救药品、医疗器械、消毒、解毒药品等的本地内、外来源和供给；医疗人员必须了解本区域主要危险对人群造成伤害的类型，并经过相应的培训，掌握对危险化学品受伤害人员进行正确消毒和治疗的方法。

9. 公共关系

重大事故发生后，不可避免地会引起新闻媒体和公众的关注。因此，应将有关事故的信息、影响、救援工作的进展等情况及时向媒体和公众进行统一发布，以消除公众的恐慌心理，控制谣言，避免公众的猜疑和不满。该部分应明确信息发布的审核和批准程序，保证发布信息的统一性；指定新闻发言人，适时举行新闻发布会，准确发布事故信息，澄清事故传言；为公众咨询、接待、安抚受害人员家属做出安排。

10. 应急人员安全

城市重大事故尤其是涉及危险物质的重大事故的应急救援工作危险性极大，必须对应急人员自身安全问题进行周密的考虑，包括安全预防措施、个体防护等级、现场安全监测等，明确应急人员进出现场和紧急撤离的条件和程序，保证应急人员的安全。

11. 消防和抢险

消防和抢险是应急救援工作的核心内容之一，其目的是为尽快控制事故的发展，防止事故的蔓延和进一步扩大，从而最终控制住事故，并积极营救事故现场的受害人员。尤其是涉及危险物质的泄漏、火灾事故，其消防和抢险工作的难度和危险性巨大。该部分应对消防和抢险工作的组织，相关消防抢险设施、器材和物资的储备，人员的培训，行动方案以及现场指挥等做好周密的安排和准备。

12. 泄漏物控制

危险物质的泄漏以及灭火用的水由于溶解了有毒蒸气都可能对环境造成重大影响，同时也会给现场救援工作带来更大的危险，因此必须对危险物质的泄漏物进行控制。该部分应明确可用的收容装备（泵、容器、吸附材料等）、洗消设备（包括喷雾洒水车辆）及洗消物资，并建立洗消物资供应企业的供应情况和通信录，保证对泄漏物的及时围堵、收容、洗消和妥善处置。

（五）应急恢复

应急恢复也称为现场恢复或紧急恢复，是指事故被控制住后所进行的短期恢复，从应急过程来说意味着应急救援工作的结束，进入另一个工作阶段，即将现场恢复到一个基本稳定的状态。大量的经验教训表明，在现场恢复的过程中仍存在潜在的危险，如余烬复燃、受损建筑倒塌等，所以应充分考虑现场恢复过程中可能的危险。该部分主要内容应包括：宣布应急结束的程序、撤离和交接程序、恢复正常状态的程序、现场清理和受影响区域的连续检测、事故调查与后果评价等。

（六）预案管理与评审改进

应急预案是应急救援工作的指导文件，具有法规权威性，所以应当对预案的制订、修改、更新、批准和发布做出明确的管理规定，并保证定期或在应急演习、应急救援后对应急预案进行评审，针对实际情况以及预案中所暴露出的缺陷，不断地更新、完善和改进。

第二章　应急决策

第一节　应急决策理论

随着社会经济的不断发展和人们价值观标准的不断更新，生产质量与安全事故也越来越受到社会大众的关注，这些在社会生产与生活中突然发生的事故对人们和生产管理者来说都是极大的考验，已经持续成为大众关注的焦点，一旦处理不当就会造成巨大的人身和财产损失。

我国颁布的《突发事件应对法》对突发事件做了如下定义：突然发生的，造成或可能造成严重社会危害，需要采取应急处置措施予以应对的自然灾害、事故灾难、公共卫生事件和社会安全事件。突发事件的发展阶段一般包括事件发生、事件恶化、事件处置、事后恢复等多个阶段。突发事件应急决策，是突发事件处理过程中的决策阶段，即在重大突发事件发生后，在短时间内搜集、处理相关信息，明确问题与目标，分析评价各种预案并选择适用的方案，组织实施应急方案，跟踪检验并调整方案直至事件得到控制的一个动态过程。

目前，国内外关于应急决策的研究主要集中在突发事件演化路径与动力研究、突发事件演化中的耦合模式研究、应急资源分配与调度、应急响应决策支持与指挥调度系统等方面。对应急决策理论和方法的探讨还处于初级阶段，应急决策的普遍原理和一般理论尚未成形。

一、应急决策特点及法律问题

突发事件具有发生、发展、演变的不确定性以及灾害程度难以预计等特征，需要针对应急事件发展演变的不同阶段，在应急预案的基础上制订应急处置方案。应急决策是利用应急预案知识进行决策规划的动态过程。应急决策具有以下特点：

第一，决策的必要性不同。重特大突发事件发生之后，其发展过程极不确定，损害后果严重且难以预料。此时，决策者所注重的核心价值和根本利益面临着严峻的威胁，甚至整个组织有全面崩溃的可能。在这种情况下，作为公共利益代表人的政府无论如何必须做出某种决策，以决定对突发事件的处置。而在常规条件下，公共决策的做出可能并非如此迫切，政府既可以在当前做出决策，也可以等待之后某一个更加合适的时机再做出决策，甚至可以不做出任何决策。

第二，决策的目标取向不同。非常规条件下的应急决策，目标十分单一，就是尽快控制公共危机的蔓延，尽量减少危机造成的损失，最大限度地保护民众的生命和财产安全。为了实现这一目标，必要时政府可以舍弃公共行政中的其他目标。常规决策则与此不同，可能需要同时平衡多种存在内在冲突的公共目标，在实现核心目标的同时还希望可以兼顾某些相对次要的目标。此外，如何在决策过程中充分体现民主性，从而保证公民民主权利的实现，也是常规公共决策的内在目标。也就是说，在常规决策中，民主本身就具有构成性的价值。而在应急决策中，这样的价值是完全可以被舍弃的。

第三，决策的约束条件不同。任何公共决策都是在一定的时间、信息、人力和技术条件下做出的，应急决策所面临的约束条件比常规决策要严苛得多，主要表现在：①决策时间紧迫，决策者对于危机的处理只有极其有限的反应时间，因为事件的突然爆发，迫使决策者必须在短时间内做出决策；②决策信息有限，决策信息的有限性可能表现为信息不完全、信息不及时或信息不准确；③决策的人力资源紧缺，由于时间紧迫，而且有关决策问题的信息和可供选择的备选方案都极为有限，因此，决策者往往要承受巨大的决策压力，在一定程度上必须依靠个人的直觉判断做出决策；④技术支持稀缺，决策者所赖以支持的交通工具、通信设施、计算机辅助系统等专业设备可能在危机发生后失灵，给决策工作带来很大困难。其中，有关决策信息的缺乏构成了危机决策最大的制约因素。

第四，决策的程序不同。常规决策追求科学性与民主性，为了实现前者，决策者需要对多套决策方案进行反复研究、论证，并征求专家的意见，甚至需要进行一定范围内的试验；为了满足后者，又需要引入各种民主机制，如民意调查、有公众参与的听证会、投票机制等。而在应急决策条件下，由于时间紧迫，这些机制可能会被统统抛弃，而是依赖决策者的个人判断来做出决定。这种判断往往只来源于决策者的经验和直觉，而不是基于科学的论证和通过民主机制达成的共识。

第五，决策的效果不同。常规决策所处的决策环境和政策执行环境是确定的，因此，一方面，对于常规决策可能取得的效果，决策者可以通过一定的方法来加以预测和监控。由于某些常规决策还具有重复性，因此，在决策做出的当时就可以凭借历史经验预见到决策效果。另一方面，在常规情况下决策者可以通过完整的行政监督系统以及各种手段来推动决策的落实，保证决策意图的实现。总之，常规决策的效果是可测、可控的。应急决策则与此相反，它是决策者在极其有限的时间内凭借有限资源做出的，甚至只是决策者个人经验、智慧、直觉的产物。因此，应急决策的后果往往难以预先做出判断，事实最终可能证明这种决策方案是错误的，甚至可能是违法的。

基于应急决策的上述特点，在法律没有为这种行为做出特殊架构的情况下，有可能导致如下几个方面的法律问题：

第一，在实体上，可能会发生越权决策行为。突发事件信息的获得，主要来源于身处应急处置一线的机关或个人，如果他们能够对事态直接做出判断和处理，无疑就是抓住了最有利于事态控制的良机。但是，根据我国法律和行政管理中的惯常做法，下级机关或个人做出重大决定时往往需要获得上级机关的批准。而在应急决策情形下，如果囿于通常的规则将决策活动当作一般的行政公文来处理，从开始动议到最终做出决定无疑需要经历诸多步骤，还可能因种种原因产生意外拖延。这种程序烦琐、效率低下的做法势必延误突发事件处置的最佳时机，后果相当严重。反过来，如果应急决策由上级机关直接启动也存在诸多不利因素。由权限充分的上级机关直接启动并做出应急决策的好处在于，这样做可以避免应急决策的合法性问题，也有利于实现统一的指挥与协调。这也是我国突发事件应对的传统模式——将事件交给更高级别的机关来处理，下级机关需要做的就是及时报告信息，等待上级的指示并尽量予以执行，最终的法律和政治后果均由上级承担。

鉴于此，在许多情况下，直接处于突发事件应对一线的下级机关或个人出于抓住最佳时机、有效控制事态蔓延的考虑，做出各种必需的应急决策，采取相关的应急措施，在现实中就是相当必要且可行的。但很显然，这种做法在现行法制框架下往往将超越法律界限，出现合法性问题，需要承担法律责任。特别是在我国，根据《突发事件应对法》的规定，应急处置措施应当由"履行统一领导职责或者组织处置突发事件的人民政府"采取，这种做法固然可以保证应急资源和权力的有效整合并实现政令统一，却很难满足下级机关对灵活处置权的实际需求。更为突出的问题是，《突发事件应对法》将县级人民政府确定为突发事件应对的主责机关，要求其对绝大多数突发事件承担应对职责，但在具体的权力配置上却仍然沿用了自上而下层层保留的纵向控制模式，从而造成县级政府应急权责倒挂的现象。在现实中，县级政府被赋予了最主要的应急管理责任，而一旦突发事件来临，有关重大事项的决策权却仍然在上级政府手中。在这种情况下，县级政府出于结果上的考虑，就难免会产生摆脱上级机关控制、径行做出应急决策的动力。因此，应急决策中种种越权现象的产生，在我国有着特殊的制度土壤。

第二，在程序上，可能发生集权决策或其他非程序化的行为。在管理学上，应急决策被视为一种非程序化决策，应急决策的做出和实施都具有一定程度的非程序化特征。无论是内部程序还是外部程序，我国现行法制对行政决策的做出都有强制性的规定。从内部程序来看，民主集中制是我国的根本组织原则和决策制度。相应地，大量的政府决策需要具有法定权限的机关和官员做出；其中的重大决策还需要经过集体讨论，或者依法需要经过上级机关批准。在我国的行政法制中，存在大量的法定集体讨论程序或上级批准程序，有时候公开征求公众意见也是法定的必经环节之一，某些重大事项的决策甚至需要经过国家权力机关的认可方能有效。在外部程序上，即从行政系统与相对人的关系来看，我国行政法制中也已经规定了大量的外部法定程序。例如，《行政处罚法》《行政许可法》等法律、法规规定需要依法举行听证的程序，不属于当场决定的情形而需要行政机关负责人批准的程序，不能口头做出决定而需要书面形式的程序，依法需要实行公务回避的程序，等等。

第三，在结果上，可能产生违法决策行为。应急决策的时间极其有限，决策主体可能无法完全明了其拥有的应急处置权限，因此极有可能做出违法行为，不当地侵犯了私人利益，在某些情况下对公共利益也构成了严重损害。更为重要的是，应急决策作为典型的风险型决策，是在极其有限的条件下做出的一种可能较优的选择，但很可能不是最优的选择，因而决策实施的结果具有普遍的不确定性。即便应急处置机关根据其所能掌握的全部信息动用了依法可以动用的所有资源、充分应用了各种法律手段和行政手段，应急决策在事后仍然可能被证明是错误的，甚至导致严重的后果，乃至于直接导致危机事态的恶化。

可以发现，上述的种种情形之所以被我们认定为是"违法"的，完全是将其置之于常态法制的原理、规则和程序之下所得到的结论。那么，如何从根本上缓解这些应急决策行为的实质正当性与形式违法性之间的紧张关系呢？其根本解决思路是要站在实质法治的立场上，从应急管理实际需求的角度来评判应急决策行为的合法性，进而建构起一整套不同于常态法制的应急决策法律制度。为此，我们有必要重新澄清应急法的价值目标，据此准确地定位应急决策制度的功能。

二、应急决策与常规决策比较

与常规决策相比，突发事件应急决策在目标、决策主体、决策方法、决策约束条件等多个方面存在显著的差异。

（一）应急决策方法

在对突发事件进行研究时，一些学者基于经典决策理论的基础借用应用数学或风险管理理论的方法，如效用分析、敏感性分析、概率分析等方法对突发事件进行了应急决策分析；一些学者运用运筹学的方法，对突发事件发生后人员的疏散和撤退、应急物资的调运等进行了分析。由于突发事件发生时相关信息的缺少，应急决策面临的不确定性和约束条件也多，目前尚无成熟的方法，常用的有如下方法。

1. 决策快速分析法

该方法的基本思路是决策者以自己的主观认识能力、经验及直觉作为全部决策分析的依据,综合运用逻辑推理等认识过程的客观规律指导决策过程,包括界定问题、确定评估标准、确认备选方案、评估备选方案、比较备选方案、方案实施等具体步骤。

2. 决策支持模型法

根据不同突发事件的特点,将事件所在的环境因素考虑在内,通过设立适当的目标,明确条件以及寻求相应的求解算法等,引入一些数学与系统工程领域的方法。例如,针对应急决策中信息定量描述的问题,张云龙等运用模糊集合理论,建立的在事故灾难复杂环境下对应急决策进行动态调整的模糊群体决策方法。

3. 情境演化法

该方法是基于优先权演化技术和粗糙决策技术的一种改进方法,强调的是时间与事态的共同演化,它争取在一定的时间限制内不断做出决策,在前一个决策的结果上做下一个决策,这个过程可以不断地进行调整。随着优先权的演化,决策调整过程中会不断获得基于当时约束条件的满意决策。

4. 案例推理法

随着计算机技术的发展,突发事件应急管理领域的决策支持技术也获得大量应用。借助计算机人工智能,将出现的事件的状况作为求解目标,而将类似案例放在数据库当中,通过设定决策目标或者条件,检索调用相关的案例,在所调用案例的启发下实现案例的类比,制订符合现场实际的应对方案。最终通过案例数据库挖掘共同的知识和技术,设计出解决应急决策问题的推理方法。

(二)应急决策流程模型

突发事件发生以后,应急决策主体面临的情况复杂无序,首先必须解决的是决策主体决策活动的流程问题。突发事件应急决策流程模型针对事件发生阶段的特点,为应急决策提供了基本的思路。

模型将整个突发事件应急管理分为三个大阶段:突发事件爆发、应急抢险和善后处理,模型重点要解释的是应急抢险阶段的决策工作。突发事件发生后,决策组结合突发事件相关信息、应急预案、应急物资、救援队伍等情况制订综合的救援方案,首先是解救疏散涉险人员到安全地带,同时展开突发事件控制和次生灾害的预防工作,在人员解救和突发事件控防过程中要做到随时汇报现场实际情况,以确保决策组能够在信息充足的情况下做出最佳的决策。在人员安置和突发事件善后处理过程中,要及时进行总结、丰富事故案例数

据库、更正完善应急预案、进行相应的应急准备。决策过程中要注意的几个关键问题包括:

突发事件信息:信息汇报工作必须解决好突发事件信息的描述标准以及汇报程序问题。描述标准包括突发事件发生时间、地点、类型等基本情况,一般也包括遭受突发事件影响的范围和危害程度说明,以及现场的一些影像资料等。汇报程序包括突发事件责任单位内部、相关单位之间以及决策主体之间的信息汇报程序。

突发事件控防:解救涉险人员和突发事件控防有时候是同步展开的。在突发事件控防过程中,首先要当机立断控制突发事件负面影响的扩大,通过一定的决策目标价值标准决定采取的方案;在次生灾害预防当中,要依据现场情况分析可能出现的次生灾害,充分做好后勤支援保障。

善后处理方案比选:突发事件的善后处理工作对象主要包括突发事件涉及的实体以及社会大众。对于涉及的实体,需要依据破坏情况进行可恢复性评估,然后制订、分析比选善后恢复方案。针对社会大众需要分析评估突发事件对社会大众心理的影响,尽快制订方案,医治社会大众的心理和感情上的创伤,消除突发事件引起的社会行为和心理活动后遗症,以尽快恢复社会经济生产和生活秩序。

三、应急决策的特殊性

在法理学上,一般认为秩序是法律所要实现的最基本的价值,它构成法律调整的出发点,也是法律所要保护和实现的其他价值的基础,因此,对秩序的追求"永远是法律调整的首要任务"。但在平常状态下,法律及其实施均处于正常的社会秩序之下,无须重点强调秩序的重要意义。相反,在平常状态下被高度强调的是法律的实施必须依照实体法和程序法进行,否则公权力机关就要承担一定的法律责任,乃至政治责任。

应急法制与常态法制的一个根本区别在于,常态法制可以在相对平稳、正常的社会经济秩序下被实施,法律的执行者与适用者主要考虑法律实施的个案正义和微观效果即可。但应急法制要么是在相对不平稳、不正常、秩序相对缺失的环境中运行,要么是法律秩序受到严重的干扰和威胁时运行。在第二种情况下,法律的首要目标是尽快控制突发事件并消除其影响,使社会恢复到正常的、安全的、稳定的状态。秩序构成了物质世界永恒运动和人类社会生存的基础,因此,秩序应当构成应急法的首要价值。如果公共危机无法消除、应急状态不能结束,社会秩序——特别是治安秩序、市场秩序就不可能恢复正常,无论是国家、社会,还是个人的生活都会受到严重的干扰。

在应急法上,秩序维护在价值排序上具有相对于人权保障的优先性,主要表现为人权保障的立足点的变动。在应急法制中对人权的保障,只是立足于最低保障而不是充分保障,由此才产生了应急法上一个重要的课题——人权克减及其底线，因此，在应急法中存在大量的人权程序性保障缩减和实体性缩减。当然，应急法上将人权保障置于相对靠后的价值序列，其目的在于增强应急法的弹性，为应急决策提供保障和支撑以尽快恢复正常的秩序状态。在社会恢复到常态之后，人权保障在价值排序上将重新获得优先性。

（一）应急决策制度在法律实施目标上的特殊性

基于秩序价值在应急法上的优先性，我们可以认为，应急法的首要目标就是要保证各种公共危机应对方法和策略在应急管理过程中能够被顺利实施，从而将社会秩序恢复到可以重新实施正常法制的安全状态。而这些危机应对方法和策略被采用的过程，就是应急决策的过程。那么，在法律上保证这种决策活动能够顺利进行，无疑就是应急决策制度的目标所在。

（二）法律规范在应急决策制度中的特殊功能

基于应急决策制度在法律实施上的特殊目标，构成应急决策制度的法律规范将主要发挥两个方面的功能：一是指引功能，二是评价功能。而这两种功能与常态下的法律都有所不同。

首先，作为一种规范化、制度化的安排，法律的核心内容并不在应急管理的方法和技术，而在于为紧急情形下做出和实施决策的行为提供相对确定的行为模式。在这里，这种行为模式可以是应急决策主体必须遵循的某种确定性指引，也可能仅仅是指导性的规定，旨在为应急决策主体提供一种相对成熟、相对稳定可靠的经验法则。应急决策制度中的指引性规定应当以后者为主。

其次，法律的评价作用在应急决策制度上只能是间接的。法律作为一种行为标准和尺度，具有客观、普遍判断衡量人们的行为有效或合法与否的作用。常态法制为一定主体的行为提供了直接而明确的评价标准，而法律对应急决策行为的评价作用则应有所不同。对应急决策行为的评价并不能仅仅从法律中寻找已经设定的行为规则，因为在许多情况下法律根本就没有提供这样的规则，甚至对正在发生的突发事件根本就未曾考虑。此时，法律所能做到的，就是设计出一套可以在事后对应急决策行为进行评价的机制来，而不是直接做出某种评价。

四、应急决策支持系统

决策支持系统（DSS）的定义有很多，一般认为 DSS 是一个交互式的、灵活的、可修改的、基于计算机技术的信息系统，开发用于帮助解决复杂的管理问题，提高决策水平。

决策支持系统是以管理科学、运筹学、控制论和行为科学为基础,以计算机技术、仿真技术和信息技术为手段,针对半结构化的决策问题,支持决策活动的具有智能作用的人机系统。该系统能够为决策者提供所需的数据、信息和背景资料,帮助明确决策目标和进行问题的识别,建立或修改决策模型,提供各种备选方案,并且对各种方案进行评价和优选,通过人机交互功能进行分析、比较和判断,为正确的决策提供必要的支持。它通过与决策者的一系列人机对话过程,为决策者提供各种可靠方案,检验决策者的要求和设想,从而达到支持决策的目的。

决策支持系统一般由交互语言系统、问题系统以及数据库、模型库、方法库、知识库管理系统组成。在某些具体的决策支持系统中,也可以没有单独的知识库及其管理系统,但模型库和方法库通常则是必需的。由于应用领域和研究方法不同,导致决策支持系统的结构有多种形式。决策支持系统强调的是对管理决策的支持,而不是决策的自动化,它所支持的决策可以是任何管理层次上的,如战略级、战术级或执行级的决策。

(一) 决策支持系统特征与组成

第一,主要针对管理人员经常面临的结构化程度不高、说明不够充分的问题;第二,把模型或分析技术与传统的数据存取及检索技术结合起来;第三,易于为非计算机专业人员以交互会话的方式使用;第四,强调对环境及用户决策方法改变的灵活性和适应性;第五,支持但不是代替高层管理者制定决策。

系统只是支持用户而不是代替他判断。因此,系统并不提供所谓"最优"的解,而是给出一类满意解,让用户自行决断。同时,系统并不要求用户给出一个预先定义好的决策过程。系统所支持的主要对象是半结构化和非结构化的决策(即不能完全用数学模型、数学公式来求解)。它的一部分分析可由计算机自动进行,但需要用户的监视和及时参与。采用人机对话的有效形式解决问题,充分利用人的丰富经验、计算机的高速处理及存储量大的特点,各取所长,有利于问题的解决。

决策支持系统的组成有模型库及其管理系统、交互式计算机硬件及软件、数据库及其管理系统、图形及其高级显示装置、对用户友好的建模语言。用户通过交互语言系统把问题的描述和要求输入决策支持系统。交互语言系统对此进行识别和解释。问题处理系统通过知识库系统和数据库系统收集与该问题有关的各种数据、信息和知识,据此对该问题进行识别、判定问题的性质和求解过程;通过模型库系统集成构造解题所需的规则模型或数学模型,对该模型进行分析鉴定;在方法库中识别进行模型求解所需算法并进行模型求解,对所得结果进行分析评价。最后通过语言系统对结果进行解释,输出具有实际含义、用户可以理解的形式。

（二）决策支持系统分类

1. 群决策支持系统（GDSS）

群决策支持系统可提供三个级别的决策支持：

第一层次的 GDSS 旨在减少群体决策中决策者之间的通信，通过沟通信息消除交流的障碍，如及时显示各种意见的大屏幕、投票表决和汇总设备、无记名的意见和偏爱的输入、成员间的电子信息交流等。其目的是通过改进成员间的信息交流来改进决策过程，通常所说的"电子会议系统"就属于这一类。

第二层次的 GDSS 提供善于认识过程和系统动态的结构技术，决策分析建模和分析判断方法的选择技术。这类系统中的决策者往往面对面地工作，共享信息资源，共同制订行动计划。

第三层次的 GDSS 其主要特征是将上述两个层次的技术结合起来，用计算机来启发、指导群体的通信方式，包括专家咨询和会议中规则的智能安排。

2. 分布式决策支持系统（DDSS）

DDSS 是由多个物理分离的信息处理节点构成的计算机网络，网络的每个节点至少含有一个决策支持系统或具有若干辅助决策的功能。与一般的决策支持系统相比，DDSS 有以下一些特征：

DDSS 是一类专门设计的系统，能支持处于不同节点的多层次的决策，提供个人支持、群体支持和组织支持。不仅能从一个节点向其他节点提供决策，还能提供对结果的说明和解释，有良好的资源共享。能为节点间提供交流机制和手段，支持人机交互、机机交互和人与人交互。具有处理节点间可能发生的冲突的能力，能协调各节点的操作，既有严格的内部协议，又是开放性的，允许系统或节点方便地扩展，同时系统内的节点作为平等成员而不形成递阶结构，每个节点都享有自治权。

3. 智能决策支持系统（IDSS）

智能决策支持系统是决策支持系统（DSS）与人工智能（AI）相结合的产物，其设计思想着重研究把 AI 的知识推理技术和 DSS 的基本功能模块有机地结合起来。有的 DSS 已融进了启发式搜索技术，这就是人工智能方法在 DSS 中的初步实现。将人工智能技术引入决策支持系统主要有两方面原因：一是人工智能因可以处理定性的、近似的或不精确的知识而被引入 DSS 中。二是 DSS 的一个共同特征是交互性强，这就要求使用更方便，并在接口水平和在进行的推理上更为"透明"。人工智能在接口水平，尤其是对话功能上对此

可以做出有益的贡献,如自然语言的研究使用使 DSS 能用更接近于用户的语言来实现接口功能。

4. 智能—交互—集成化决策支持系统（3IDSS）

随着 DSS 应用范围的不断扩大、应用层次的逐渐提高, DSS 已进入区域性经济社会发展战略研究、大型企业生产经营决策等领域的决策活动中来, 这些决策活动不仅涉及经济活动各个方面、经营管理的各个层次, 而且各种因素互相关联, 决策环境更加错综复杂。对于省、市、县等发展战略规划方面的应用领域, 决策活动还受政治、社会、文化、心理等因素不同程度的影响, 而且可供使用的信息又不够完善、精确, 这些都给 DSS 系统的建设造成了很大的困难。在这种情况下, 一种新型的面向决策者、面向决策过程的综合性决策支持系统产生了, 即智能—交互—集成化决策支持系统（Intelligent, Interactive and Integrated DSS, 简称 3IDSS）。

集成化: 在这种情况下, 采用单一的以信息为基础的系统, 或以数学模型为基础的系统, 或以知识、规则为基础的系统, 都难以满足上述这些领域的决策活动的要求。这就需要在面向问题的前提下, 将系统分析、运筹学方法、计算机技术、知识工程、人工智能等有机地结合起来, 发挥各自的优势, 实现决策支持过程的集成化。

交互性: 决策支持系统的核心内容是人机交互。为了帮助决策者处理半结构化和非结构化的问题, 认定目标和环境约束, 进一步明确问题, 产生决策方案和对决策方案进行综合评价, 系统应具备更强的人机交互能力, 成为交互式系统。

智能化: 决策支持系统在处理难以定量分析的问题时, 需要使用知识工程、人工智能方法和工具, 这就是决策支持系统的智能化。

（三）应急决策支持系统构成

应急决策支持系统包括软硬件支持层、信息支持层和决策辅助层三个层级, 相辅相成, 缺一不可。应急决策支持系统为整个突发事件的解决提供支持和决策建议, 它主要依靠软科学的理论、方法和技术, 日常的一些处理经验总结和相关的计算机技术。软硬件支持层要解决的关键问题有: 数据采集、数据标准与格式分类、软硬件以及网络构建等。信息支持层要解决的关键问题有: 地理信息资料的完善, 特别是疏散线路、物资运输路线等特征的描述; 各类应急资源的分布和配置; 此外, 还有如何设置合理的预案库、模型库、以往案例库、知识库和专家库检索属性、特征以及快速有效的检索方法, 以辅助尽快制订符合现场实际或者类似事件的方案。决策辅助层要解决的关键问题是根据现场实际情况结合模型库综合判定各种可能的发展趋势, 对突发事件进行定性, 进行相应的预警工作和应急方案的调整，包括突发事件相关信息发布、应急预案选择、预案评估与动态调整、保障系统评估、资源的优化配置以及应急善后管理等。

第二节　应急决策分析方法

一、突发事件的应急决策分析

（一）突发事件应急决策分析

应急决策分析，一般指从若干可能的方案中通过决策分析技术，如期望值法或决策树法等，选择其一的决策过程的定量分析方法。主要应用于突发事件决策、非常规突发事件决策分析学等方向。

大多数的应急决策理论是规范性的，即应急决策理论以假设一个具有完全信息的、可实现精度计算的，并且完全理性的理想决策者的方式达到最优的决策（在实际中，某些所谓"最好"的情景并不是最好，最优也可能包含在一个具体的或近似的最大值）。这种规范模型的实际应用（人们应当如何决策）被称为应急决策分析，其目标是帮助人们进行进一步良好决策的工具和方法论。应急决策支持系统是一种系统的、综合的用这种方法开发的软件工具。由于人们通常的行为并不与公理一致，经常违反了其最优性。关于这种现象的相关研究称为描述性学科。这种描述性的模型试图描述实际中人们是怎么做的。由于规范和最优的决策通常测试假设违背人们的实际行动，因此规范性模型和描述性模型建立了关联。对实践中发生应急决策允许进行进一步的测试，可能会放松规范模型中对完全信息、理性和其他方法的约束。

（二）突发事件应急决策特征分析

突发事件应急决策是一种典型的非常规决策。它与常规决策具有以下三方面的差异：

其一，应急决策属于权变式决策。突发事件发生后，外在环境急剧变动，对事件的发展和可能涉及的影响没有经验性知识进行指导，一切都是瞬息万变的，同时人类理性有限，决策者不具有相关决策状况的所有信息，所以不确定性由此产生。突发事件的这种高度的不确定性，导致决策者必须根据事态的发展，实行权变式决策。

其二，应急决策属于在有限时间内的非程序性对策性决策。在突发事件应对过程中，决策者同决策对象的竞争特别激烈，不是事件的顺利、迅速应对，就是决策者或其代表的一方损失惨重，具体表现在时间上的紧迫竞争，谁赢得了时间，谁就处于有利地位。同时，突发事件应对决策属于典型的非程序性决策，由于决策问题和决策背景的特殊性，决策者根本不可能也没有时间按照标准化的操作规程进行决策。因此，只要能够实现决策的目标，提高决策的效率，就可以在不损害决策合理性的前提下适当简化一些程序，删除一些不必要的环节步骤，并把必要的环节步骤加以综合。

其三，应急决策是在决策资源有限的条件下进行的决策。常规决策可以广泛地动员公众、专家等力量，一个决策方案可以集中政府机构、社会组织、个体公众、媒体等力量进行自上而下、自下而上的反复讨论，可以采用计算机信息处理和模拟系统，甚至可以在局部地区先试点后推行。然而，突发事件应急决策资源有限，来不及组织和动员社会资源以及其他力量参与决策。决策资源的有限性尤其表现在应急决策信息的有限性方面。应急决策信息的有限性主要体现在以下三个方面：首先，信息不完全。由于突发事件事态发展本身的随机性和不确定性，很多信息是随事态的发展而演变的，但在危机情境下，由于时间的紧迫性，决策者不可能在非常有限的时间内掌握和控制所有的事态发展信息。其次，信息不及时。由于突发事件事态发展的急剧变化性，而且，信息要从事发现场传输到应急指挥决策机构，中间还得经历好几个组织的中介运作，因此，最高决策者对危机信息的掌握和控制就会有滞后。最后，信息不准确。在信息的反馈和处理过程中，信息极容易失真，其正确性和有效性很难得到保证。有限理性论认为，人类永远不可能达到一种全知全觉的情境，所有决策追求的不可能是最佳方案而只能是满意方案。人可能带有主观判断，政策分析条件也是有限的，分析资料短缺，时间、人类知识有限，对于非常规决策的突发事件决策来说这种有限性就更为突出。

（三）应急决策分析步骤

应急决策分析一般分四个步骤：一是形成决策问题，包括提出方案和确定目标；二是判断自然状态及其概率；三是拟订多个可行方案；四是评价方案并做出选择。常用的决策分析技术有：确定型情况下的决策分析、风险型情况下的决策分析、不确定型情况下的决策分析。

第一，确定型情况下的应急决策分析。确定型决策问题的主要特征有四个方面：一是只有一个状态，二是有决策者希望达到的一个明确的目标，三是存在可供决策者选择的两个或两个以上的方案，四是不同方案在该状态下的收益值是清楚的。确定型决策分析技术包括用微分法求极大值和用数学规划等。

第二，风险型情况下的应急决策分析。这类决策问题与确定型决策只在第一点特征上有所区别：在风险型情况下，未来可能状态不止一种，究竟出现哪种状态，不能事先肯定，只知道各种状态出现的可能性大小（如概率、频率、比例或权等）。常用的风险型决策分析技术有期望值法和决策树法。期望值法是根据各可行方案在各自然状态下收益值的概率平均值的大小，决定各方案的取舍。决策树法有利于决策人员将决策问题形象化，可把各种可以更换的方案、可能出现的状态、可能性大小及产生的后果等，简单地绘制在一张图上，以便计算、研究与分析，同时还可以随时补充和修正。

第三，不确定型情况下的应急决策分析。如果不只有一个状态，各状态出现的可能性的大小又不确知，便称为不确定型决策。常用的决策分析方法有：①乐观准则。比较乐观的决策者愿意争取一切机会获得最好结果。决策步骤是从每个方案中选一个最大收益值，再从这些最大收益值中选一个最大值，该最大值对应的方案便是入选方案。②悲观准则。比较悲观的决策者总是小心谨慎，从最坏结果着想。决策步骤是先从各方案中选一个最小收益值，再从这些最小收益值中选出一个最大收益值，其对应方案便是最优方案。这是在各种最不利的情况下从中找出一个最有利的方案。③等可能性准则。决策者对于状态信息毫无所知，所以对它们一视同仁，即认为它们出现的可能性大小相等。于是，这样就可按风险型情况下的方法进行决策。

应急决策分析是一门与经济学、数学、心理学和组织行为学有密切相关的综合性学科。它的研究对象是决策，它的研究目的是帮助人们提高决策质量，减少决策的时间和成本。因此，决策分析是一门创造性的管理技术。应急决策分析包括发现问题、确定目标、确定评价标准、方案制订、方案选优和方案实施等过程。应急决策分析通常有如下构成要素：

1. 决策主体

决策是由人做出的，人是决策的主体。在决策分析过程中，只承担提出问题或分析和评价方案等任务的决策主体称为"分析者"，能做出最后决断的决策主体称为"领导者"。

2. 决策目标

决策必须至少有一个希望达到的目标。决策是围绕着目标展开的，决策的开端是确定目标，终端是实现目标。决策目标既体现了决策主体的主观意志，也反映了客观事实，没有目标就无从决策。

3. 决策方案

决策必须至少有两个可供选择的可行方案。方案有两种类型：①明确方案，具有有限个明确的具体方案；②不明确方案，只说明产生方案的可能约束条件，方案个数可能有限个,也可能无限个。

4. 结局

结局又称自然状态。每个方案实施后可能发生一个或几个可能的结局,如果每个方案都只有一个结局,就称为"确定型"决策;如果每个方案至少产生两个可能的结局,就称为"风险型"决策或"不确定型"决策。

5. 效用

每一方案各个结局的价值评估称为效用。根据各个方案的效用值大小来评估方案的优劣。

二、应急决策定性方法

定性决策法又称主观决策法,是指在决策中主要依靠决策者或有关专家的智慧来进行决策的方法,这是一种"软技术"。应急管理决策者运用社会科学的原理并依据个人的经验和判断能力,采取一些有效的组织形式,充分发挥各自丰富的经验、知识和能力,从对决策对象的本质特征的研究入手,掌握事物的内在联系及其运行规律,对突发事件的应急管理决策目标、决策方案的拟订以及方案的选择和实施做出判断。这种方法适用于受社会、经济、政治等非计量因素影响较大,所含因素错综复杂,涉及社会心理因素较多以及难以用准确数量表示的综合性问题。这种"软技术"方法是应急决策采用的主要方法,它弥补了"硬技术"方法对于人的因素、社会因素等难以奏效的缺陷。"硬""软"两类技术相互配合、取长补短,才能使决策更为有效。定性决策方法有很多种,常用的有人员决策法、专家会议法、头脑风暴法、德尔斐法等,其中德尔斐法(Delphi Technique)是最具代表性的方法。尤其在长远的战略决策中,由于许多条件的不肯定性,德尔斐法特别适用。

三、应急决策定量方法

决策是理性人普遍从事的一种活动,也是极为重要的制胜手段。它的核心是对未来活动的多个目标及用途做出合理的选择,以寻求最满意的行动方案。决策具有以下特点:①面对新问题和新任务做出科学决定,属于创造性的管理活动;②必须对实际行为有直接的指导作用;③具有多因素、多目标、不确定性与方案的多样性,以及决策影响的时效性和一次性。现代决策理论的主要特点在于,以概率和数理统计为基础,以统计判定理论和高等数学为工具,广泛地收集和处理信号,考虑人的心理和外在环境、市场等应变因素,指导人们把各类工程技术因素与经济效益统一起来做定量分析,并以电子计算机为辅助手段,研究决策的性质和规律、模型与方法,以寻求整体的最优解或满意解。因此,决策具有目的性、信息性、经济性和实践性四大基本特征，而应变性是最高层次的属性。

关于决策系统的分类至今仍不十分统一。从决策问题的性质来看，它可分为程序化和非程序化决策；从所涉及和影响的范围看，它分为战略、战役和战术决策；从问题描述的性质看，它分为定量和定性决策；从目标数量和属性的多少看，它分为单目标、多目标决策和单属性、多属性决策；从决策问题的考虑方式看，它分为动态和静态决策；从参与决策人数多少看，它分为群体和单一决策。

（一）确定型决策

确定型决策的主要任务是借助一定计算分析把每个可行方案的结果计算出来，然后通过比较，把结果最好的方案选出来，作为行动方案。如果一个问题的自然状态完全确定，不存在任何未知之处，那这个问题就好解决了，运用确定型决策的方法如直观法、盈亏平衡分析法、线性规划法等得出行动方案即可。

（二）不确定型决策

不确定型决策所处的条件和状态都与风险型决策相似，不同的只是各种方案在未来将出现哪一种结果的概率不能预测，因而结果不确定。

不确定型决策方法又称非确定型决策、非标准决策或非结构化决策，是指决策人无法确定未来各种自然状态发生的概率的决策。不确定型决策的主要方法有：等可能性法、保守法、冒险法、乐观系数法和最小最大后悔值法。

1. 等可能性法

也称拉普拉斯决策准则。这种方法假定自然状态中任何一种发生的可能性是相同的，通过比较每个方案的损益平均值来进行方案的选择，在利润最大化目标下，选择平均利润最大的方案，在成本最小化目标下选择平均成本最小的方案。

2. 保守法

也称瓦尔德决策准则或小中取大的准则。决策者不知道各种自然状态中任一种发生的概率，决策目标是避免最坏的结果，力求风险最小。运用保守法进行决策时，首先保证确定的结果，力求风险最小；其次要确定每一可选方案的最小收益值，然后从这些方案的最小收益值中选出一个最大值，与该最大值相对应的方案就是决策所选择的方案。

3. 冒险法

也称乐观决策法或大中取大的准则。决策者不知道各种自然状态中任一种可能发生的概率，决策的目标是选最好的自然状态下确保获得最大可能的利润。冒险法在决策中的具体运用是：首先，确定每一可选方案的最大利润值；然后，在这些方案的最大利润中选出一个最大值，与该最大值相对应的那个可选方案便是决策选择的方案。由于根据这种准则决策也能有最大亏损的结果，因而被称为冒险投机的准则。

4. 乐观系数法

也称折中决策法或赫威斯决策准则。决策者确定一个乐观系数，运用乐观系数计算出各方案的乐观期望值，并选择期望值最大的方案。

5. 最小最大后悔值法

也称萨凡奇决策准则。决策者不知道各种自然状态中任一种发生的概率，决策目标是确保避免较大的机会损失。运用最小最大后悔值法时，首先要将决策矩阵从利润矩阵转变为机会损失矩阵；然后确定每一可选方案的最大机会损失，并计算出各方案的最大后悔值（后悔值＝各个方案在该情况下的收益－该情况下该方案的收益）；最后选择最大后悔值中的最小方案。

四、多目标决策分析

多目标决策问题根据决策情况的不同可以分为两类：一类问题的备选方案数目有限，称为有限方案的多目标决策或者多属性决策；另一类问题的备选方案可以有无限多个，称为无限方案的多目标决策，其中存在若干决策变量，这些决策变量之间、决策变量与各属性之间都存在复杂的因果关系，这种问题的决策情况包括整个问题的求解过程。第一类问题求解的核心是对各备选方案进行评价，排定这些方案的优劣次序；第二类问题求解的关键是优化问题，一般要用数学规划求解最优解或非劣解。

（一）层次分析法

所谓层次分析法（简称 AHP），是指将一个复杂的多目标决策问题作为一个系统，将目标分解为多个目标或准则，进而分解为多指标（或准则、约束）的若干层次，通过定性指标模糊量化方法算出层次单排序（权数）和总排序，以作为目标（多指标）、多方案优化决策的系统方法。

层次分析法是将决策问题按总目标、各层子目标、评价准则直至具体的备投方案的顺序分解为不同的层次结构，然后得用求解判断矩阵特征向量的办法，求得每一层次的各元素对上一层次某元素的优先权重，最后再用加权和的方法递阶归并各备择方案对总目标的最终权重，此最终权重最大者即为最优方案。这里所谓"优先权重"是一种相对的量度，它表明各备择方案在某一特点的评价准则或子目标下优越程度的相对量度，以及各子目标对上一层目标而言重要程度的相对量度。层次分析法比较适合于具有分层交错评价指标的目标系统，而且目标值又难于定量描述的决策问题。其用法是构造判断矩阵，求出其最大特征值及其所对应的特征向量 W，归一化后，即为某一层次指标对于上一层次某相关指标的相对重要性权值。

层次分析法是将与决策有关的元素分解成目标、准则、方案等层次，在此基础之上进行定性和定量分析的决策方法。

（二）多目标群决策

群决策是指多个决策人的决策问题。本书主要讨论的问题就是方案有限的、多个决策人的一类多目标决策问题，即有限方案多目标群决策问题。这类问题在现代应急管理领域是最为常见的一类问题。

1. 术语

（1）属性：属性指的是备选方案的特征、品质或性能参数。

（2）目标：目标是决策人所感觉到的比现状更佳的客观存在，用来表示决策人的愿望或者决策人所希望达到的、努力的方向。

（3）准则：准则是判断的标准或度量事物价值的原则及检验事物合意性的规则，它兼指属性及目标。

（4）权：权是重要性的数量化表示。解决目标间的矛盾性主要是靠权，它反映了决策人对目标的重视程度、各目标属性值的差异程度、各目标属性值的可靠程度。同时，在决策人群中，决策人的地位、决策人的意见对某个问题的影响程度也可以用权来衡量。

2. 多目标群决策要素

（1）决策人。决策人是某个人或某一些个人组成的群体，他们直接或间接地提供最终的价值判断，据此可以排定各备选方案的优劣。群决策的决策人个数是多于两个的。

（2）指标体系或称目标集。目标是决策人希望达到的状态。为了清楚地阐明目标，可以将目标表示成层次结构：最高层目标是促使人们研究问题的原动力，但是它过于笼统，不便运算，须分解为具体而便于运算的具体目标。

（3）属性集和代用属性。目标可以运算是指有办法衡量这一目标被达到的程度，而属性是对基本目标达到的程度的直接度量。也就是说，对每个下层目标要用一个或几个属性来描述目标的达到程度。但是有些目标很难甚至无法找到属性来度量其达到程度，这时我们用称为代用属性的间接量来描述目标的达到程度。例如，科研的能力可以用论文、成果的数量等代用属性来描述。

（4）决策准则。为了从若干个非劣的备选方案中选定一个方案付诸实施，需要根据一定的原则去排列方案的优先次序或从中选择最佳调和解。这种原则就是决策准则，求解多目标决策的各种方法之间的一个重要区别在于所选择的决策准则不同。

第三章 应急救援

第一节 应急救援装备

一、应急救援装备的分类

（一）按照适用性分类

应急救援装备有的适用性很广，有的则具有很强的专业性。根据应急救援装备的适用性，可将应急救援装备分为一般通用性应急救援装备和特殊专业性应急救援装备。

一般通用性应急救援装备主要包括：个体防护装备，如呼吸器、护目镜、安全带等；消防装备，如灭火器等；通信装备，如固定电话、移动电话、对讲机等；报警装备，如手摇报警器、电铃报警器等。

特殊专业性应急救援装备，因专业不同而有所不同，可分为消防装备、危险品泄漏控制装备、专用通信装备、医疗装备、电力抢险装备等，如：

1. 危险化学品抢险用的防化服、易燃易爆有毒有害气体监测仪等。
2. 消防救援员用的高温避火服、举高车、救生垫等。
3. 医疗抢险用的铲式担架、氧气瓶、救护车等。
4. 水上救生用的救生艇、救生圈、信号枪等。
5. 电工用的绝缘棒、电压表等。
6. 煤矿用的抽风机、抽水机等。
7. 环境监测装备，如水质分析仪、大气分析仪等。
8. 气象监测仪，如风向标、风力计等。
9. 专用通信装备，如卫星电话、车载电话等。
10. 专用信息传送装备，如传真机、无线上网笔记本电脑等。

（二）按照具体功能分类

根据应急救援装备的具体功能，可将应急救援装备分为预测预警装备、个体保护装备、通信与信息装备、灭火抢险装备、医疗救护装备、交通运输装备、工程救援装备、应急技术装备八大类。

1. 预测预警装备

预测预警装备具体可分为：

（1）监测装备。

（2）报警装备。

（3）联动控制装备。

（4）安全标志。

2. 个体防护装备

个体防护装备具体可分为：

（1）头部防护装备。

（2）眼、面部防护装备。

（3）耳部防护装备。

（4）呼吸器官防护装备。

（5）躯体防护装备。

（6）手部防护装备。

（7）脚部防护装备。

（8）坠落防护装备。

3. 通信与信息装备

通信与信息装备具体可分为：

（1）防爆通信装备。

（2）卫星通信装备。

（3）信息传输处理装备。

4. 灭火抢险装备

灭火抢险装备具体可分为：

（1）灭火器。

（2）消防车。

（3）消防炮。

（4）消防栓。

（5）破拆工具。

（6）登高工具。

（7）消防照明。

（8）救生工具。

（9）常压、带压堵漏器材。

（10）其他。

5. 医疗救护装备

医疗救护装备具体可分为：

（1）多功能急救箱。

（2）伤员转运装备。

（3）现场急救装备。

（4）其他。

6. 交通运输装备

交通运输装备具体可分为：

（1）运输车辆。

（2）装卸设备。

（3）其他。

7. 工程救援装备

工程救援装备具体包括：地下金属管线探测设备、起重设备、推土机、挖掘机、探照灯等。

8. 应急技术装备

应急技术装备包括：GPS（全球卫星定位系统）技术装备、GIS（地理信息系统）技术装备、无火花堵漏技术装备等。

（三）按照使用状态分类

根据使用状态，应急救援装备可分为日常应急救援装备和战时应急救援装备两类。

1. 日常应急救援装备

日常应急救援装备是指日常生产、工作、生活等状态正常情况下，仍然运行的应急通信、视频监控、气体监测等装备。

日常应急救援装备，主要包括用于日常管理的装备，如随时进行监控、接受报告的应急指挥大厅里配备的专用通信设施、视频监控设施等，以及进行动态监测的仪器仪表，如固定式可燃气体监测仪、大气监测仪、水质监测仪等。

2.战时应急救援装备

战时应急救援装备是指在出现事故险情或事故发生时投入使用的应急救援装备,如灭火器、消防车、空气呼吸器、抽水机、排烟机等。日常应急救援装备与战时应急装备不能严格区分,许多应急救援装备既是日常应急救援装备,又是战时应急救援装备。如水质监测仪,在生产、工作、生活等状态正常情况下主要是进行日常监测预警,在发生事故时,则进行动态监测,以确定应急救援行动是否结束。

二、应急救援装备体系和作用

（一）应急救援装备体系

应急救援对象及其发生事故情形的多样性、复杂性,决定了应急救援行动过程中要用到多种装备,而且这些装备必须相互组合、搭配使用。这种应急救援装备的多样性、组合性,决定了应急救援装备的系统性。无论应急救援行动规模大小,都须有一个应急救援装备体系做保障。

（二）应急救援装备的作用

1.高效处置事故

高效处置事故,化险为夷,尽可能避免、减少人员的伤亡和经济损失,是应急救援的核心目标。在事故发生时,面对各种复杂的险情,必须使用大量种类不一的战时应急救援装备。如发生火灾,要使用灭火器、消防车;发生毒气泄漏,要使用空气呼吸器、防毒面具;发生停电事故,要使用应急照明;管线穿孔,易燃易爆物质泄漏,必须立即使用专业器材进行堵漏;等等。如果没有专业的应急救援装备,火灾将得不到遏制,泄漏将无法控制,抢险人员的生命将得不到保障,低下的应急救援能力将使事故不断升级恶化,造成难以估量的恶果。应急救援装备就是应急救援人员的作战武器。要提高应急救援能力,保障应急救援工作的高效开展,迅速化解险情,控制事故,就必须为应急救援人员配备专业化的应急救援装备。

如果只是有了先进的应急装备,但不能根据现场的各种情况,正确使用、发挥应急救援装备的最大功能,那么,再好的应急救援装备,其功能也将大打折扣,将严重影响救援的效果。

因此,必须加强员工的教育培训,做到会检查、会使用、会维护、会排除常见故障,在特殊情况下仍能高效使用应急救援装备。应急救援装备是应急救援的有力武器与根本保障,应急救援装备的配备情况,是应急救援能力的根本基础与重要标志。

2. 保障生命安全

在事故险情突发时,如果监测装备、控制装备能够及时启动,消除险情,避免事故,就可以从根本上消除对相关人员的生命威胁,避免出现人员伤亡的情况。如油气管线泄漏,若可燃气体监测仪能及时监测报警,就可在泄漏初期及早处置,避免火灾爆炸事故的发生。同样,事故发生之后,及时启用相应的应急救援装备,也可以有效控制事故,避免事故的恶化或扩大,从而有效避免、减轻相关人员的伤亡。

如果救援装备配备不到位、功能不到位,一起小事故就可能恶化成一场群死群伤的灾难。

3. 减少财产损失

高效的应急救援装备,会将事故尽快予以控制,避免事故恶化。在避免、减少人员伤亡的同时,也会有效避免财产损失。如成功处置了易燃易爆管线、容器的泄漏,避免了火灾爆炸事故的发生,不仅能避免人员的伤亡,同样也会使设备、装备免受损害,避免造成重大的财产损失,避免企业赖以生存的物质基础遭到破坏。

许多事故发生之后都会对水源、大气造成污染,如运输甲苯、苯等危险化学品的车辆翻进河流,发生泄漏时,直接就会对水源造成污染。如果运输液氨、液氯、硫化氢等危险化学品的车辆发生泄漏,就会直接对大气造成污染。如果应急救援不及时,就会造成非常严重,甚至不可估量的后果。即便没有造成人员的伤亡,直接、间接的处理及善后费用,往往都是一个十分惊人的数字。

4. 维护社会稳定

许多事故发生之后,往往会引起局部地区的社会恐慌,甚至引发社会动荡。如危险化学品运输车辆翻进河流,发生泄漏,对水源造成污染,就会造成相应地区的居民产生恐慌,严重者会引发局部地区的社会动荡。

三、应急救援装备的选择和使用

(一)交通运输装备

1. 多功能集成式救援装备保障车

多功能集成式救援装备保障车是用于装载和运送矿山应急救援所需的各种救援装备的专用救灾车辆。该车能够集成矿山事故应急救援中经常用到的破拆、支护、灭火、气体检测、人员搜寻、院前急救、通信联络等各种救援装备和仪器仪表。在灾害发生时,能将各种救援装备器材迅速运送至事故现场,满足快速响应和快速参与救援的要求。

2. 多功能集成式充气发电照明车

多功能集成式充气发电照明车主要用于矿山事故应急救援，为矿山事故救援现场提供电力保障、气源保障、照明保障及成套救援装备保障，能够满足我国矿山事故突发性、分散性、复杂性的应急救援需要。能够在远离矿山应急救援队驻地的事故现场，无电或不能正常供电的状况下，提供多种电源供给；车载发电机组提供 50 kW 的电力，保障事故现场各种设备正常运转；配备大容量氧气储气瓶、车载式空气充填泵和氧气充填泵等多种动力源设备；能够为救援现场提供大功率的现场照明设施；能够集成搭载应急救援所需的多种破拆、支护、灭火、气体检测、人员搜寻、人员施救、通信联络等救援器具仪表。该车也可用于工厂、公共场所等其他场合的事故应急救援。

3. 救援宿营车

救援宿营车是用于运送救援人员及住宿的车辆。车内座椅可展开为床铺，折叠平台满足指战员开会、用餐、维护仪器装备需求，具备淋浴和车载卫生间功能，具有双供电系统，车内空气温度能够按需调节。

4. 野外生活保障车

野外生活保障车能够在野外为救援人员提供饮食，全天候机动，有自供发电系统。解决了救援人员的洗漱、餐饮问题。一次可满足 100 人次用餐。

5. 越野吊装车

越野吊装车在救援中主要用于救灾时吊装排水设备，如排水泵、排水管道以及其他部件。

6. 全路面汽车起重机

全路面汽车起重机在灾害时能快速到达救援现场，用于现场提升安装大型排水泵、管道，也可用于起吊其他重物。

（二）侦测与搜寻装备

煤矿矿井发生火灾、瓦斯等事故时，灾区会产生大量有毒有害气体。为了解灾区情况，必须尽快对灾害环境参数，如温度、各类气体浓度等进行监测，同时使用各种装备确定被困人员所在位置，取得灾区内的第一手资料，以便指挥部制订科学的救援方案。

1. 气体分析化验车

气体分析化验车是在成熟的气体多点参数色谱自动分析仪的基础上，配置改装中型旅行车，装备专用气源和电源，以保证分析仪的稳定可靠，是灾区环境气体检测分析、火灾救护救援和火灾预测预报的得力工具。

气体分析化验车具有以下特点：第一，可靠的减震系统，适用于复杂的路况，保证分析仪的分析稳定性和分析精度。第二，完善的功能。设备配有专用气源和电源、专用分析仪、气电控制系统、微机、打印机、标准备件和标准气体。能够保证在接到灾情报告时提前启动，一旦开赴火灾现场，即可展开取样分析工作，为火灾的救护救援工作提供第一手的数据。第三，快速高效。设备不仅能对火灾中手工球胆采集的气样进行现场分析，还能与现场铺设好的束管监测系统等直接连接，进行实时自动取样分析。这不仅提高了救灾工作的效率，还大大地保障了救援人员的人身安全。

基于以上特点，气体分析化验车还可作为矿井常规监控设备，以完善的分析条件和分析方法为火灾的预测预报提供科学数据。

2. 便携式气相色谱仪

便携式气相色谱仪是一种快速分析装置，救护小队携带它可在事故地区对可燃可爆、有毒有害气体的上、下限及含量进行化验，通过这些数据的计算，能够判定事故现场是否会发生二次爆炸，为救灾决策指挥提供依据，确保救援人员的安全。

它主要用于气体分析，能在 120 s 之内检测分析出矿山常见气体的组分、浓度，精度可达 1 mg/L，灵敏度高，分辨力强，分析速度快。

3. 蛇眼探测仪

蛇眼探测仪是一种探测狭窄空间被困人员情况的装备，用于因冒落、坍塌、倒塌等事故造成地铁、隧道、洞穴、井下等地下封闭空间人员被困时的救援。该装备轻便易携，探杆前端具有视频探头和音频探头，配有高清彩色屏幕和能够双向通信的救援专用耳机，可高效、准确地探测狭窄空间情况，为救援人员提供参考。

（三）抢险排水装备

1. 离心式斜井排水救灾装备

离心式斜井排水救灾装备主要用于矿山斜井追排水、泵房应急排水、采掘面突水抢救等应急救援抢险排水，也可用于其他类似环境条件下的排水。

2. 矿井救灾排沙装备

用于具有瓦斯或其他爆炸性气体危险的场所，包括煤矿采掘工作面，巷道，井底水窝、中央水仓等，排送含有煤屑、泥沙、岩粉等固体颗粒的污水，也可用于工程抢险、矿底透水排险以及江河湖海等地方的抽排水。

3. 矿井救灾排水装备

矿井救灾排水装备主要包括扬程为 300 m、450 m、650 m 的大型潜水电泵。矿用潜水

泵功率、流量、扬程适中；可在立井、倾斜井中运行，也可用于斜井追排水、采掘面突水抢救等抢救工程。

4. 重型矿用潜没排水设备

重型矿用潜没排水设备主要包括扬程 800 m、1 000 m 的德国里茨（RITZ）大型潜水泵。主要适用于大型矿井发生突透水事故和淹井矿复矿排水，一般为立式安装，是矿山应急救援的必备设备。

（四）灭火与有害气体排放装置

1. 惰气发生装置

惰气发生装置是利用燃烧燃油产生大量含氧量低的气体，并将这些气体送入火区，降低火区的氧气含量，起到扑灭井下灾区大火和有效抑制井下瓦斯燃烧爆炸的作用，是高瓦斯矿井惰性化的理想新型灭火装备。

2. 液态二氧化碳灭火装置

液态二氧化碳灭火装置是将液态二氧化碳气化后直接进行防灭火。该装置不仅可以抑制瓦斯、煤尘爆炸，防灭火，又可以显著降温，加快灭火速度，减少火灾损失。

3. 矿用快速防火密闭装置

矿用快速防火密闭墙是能够在较短的时间内隔绝空气隔绝灭火的密闭墙。它适用于矿山井下快速临时密闭，封堵巷道漏风，封闭火区，控制火势、烟雾等。目前国内矿山救护队使用的密闭装置主要有气囊型和喷涂型快速充气密闭。

（五）应急通信装备

矿山救援过程中，可利用有线、无线、卫星等通信方式，将事故现场的音视频图像传到各级应急指挥中心，便于有关领导和专家科学决策。

1. 声能电话机

声能电话机就是依靠声能进行通话的本质安全型电话机，它可供矿山救护队在井下灾区瓦斯超限缺氧的环境中与使用面罩的氧气呼吸器配套使用，保证通信联络，能明显提高救护工作效率，不会引起瓦斯事故。声能电话机已成为矿山救护队佩戴氧气呼吸器进入灾区工作时专用的通信设备。

声能电话是救灾必备的有线通信装备（防爆本质安全型），其结构简单，无需电源，通话清晰，可与呼吸器配套使用。配有对讲扩音器，传出的话音更为清晰，有效通信距离不小于 8 km。

2. 井下无线宽带救灾通信系统

井下无线宽带救灾通信系统是针对煤矿灾后事故应急救援需求研制的一款可视化应急救援通信指挥装备。系统通过对救护队员生命体征监测、灾变现场环境监测、井下无线宽带自组网、语音调度，数据、语音、视频信息融合等关键技术研究，基于无线 Mesh 网络构建了一条高带宽、组网灵活、无线/有线相结合的实时传输网络通道，实现灾变现场视频、主要环境参数、救护队员生命体征信息的实时在线监测和救护队员与指挥中心多方通话，便于指挥决策，避免救援人员自身伤亡，减少事故损失。

应急救援过程中，系统通过无线中继器自由组建一条专用的网络信道，完成信息的远程传输。设备自带高容量电池，即布即用，受外界因素干扰较少。灾变现场救援人员通过佩戴矿用本安型数据采集仪、矿用本安型摄像仪、生命体征传感器、骨传导听说器等设备，实现视频、音频传输，生命体征信息的采集和语音双向对讲。设备外侧设置了信号指示灯，用来标注工作状态。指挥平台软件采用组件技术实现语音、视频、数据同步实时采集、传输、显示、存储、回放及语音实时调度功能。

3. 卫星通信指挥车

卫星通信指挥车可实现在任意时间、指定范围内建立事故现场与应急指挥中心之间多通道的双向语音、数据、图像通信等综合业务的互联互通，并与应急指挥中心组成通信指挥专网。各通信指挥车可以参加应急指挥中心的视频会议、电话业务和业务应用数据的交换。

地面接收系统与"静中通"卫星通信指挥车配套使用，主要针对矿井井下、城市地铁、铁路隧道、洞穴等灾害救灾现场，通过卫星通信系统实现地面接收系统与卫星通信指挥车之间的视频、语音和数据及图片信息的双向通信，通信指挥车与指挥中心之间有线电话和专线连接，以及与中心综合信息网及 Internet 的计算机联网，为指挥现场救灾和抢险决策提供实时信息和科学依据。

第二节 应急演练和训练

一、应急演练概论

应急演练是指来自多个机构、组织或群体的人员针对模拟的紧急情况，执行实际紧急事件发生时各自所承担任务的排练活动。应急演练是应急管理的重要环节，在应急管理工作中有着十分重要的作用。通过开展应急演练，可以实现评估应急准备状态，发现并及时修改应急预案、执行程序等相关工作的缺陷和不足；评估突发公共事件应急能力，识别资源需求，澄清相关机构、组织和人员的职责，改善不同机构、组织和人员之间的协调问题；检验应急响应人员对应急预案、执行程序的了解程度和实际操作技能，评估应急培训效果，分析培训需求。同时，作为一种培训手段，通过调整演练难度，可以进一步提高应急响应人员的业务素质和能力；促进公众、媒体对应急预案的理解，争取公众、媒体对应急工作的支持。

应急演练在重大事故预防过程中发挥如下作用：

1. 评估应急准备状态，发现并及时修改应急预案中的缺陷和不足。

2. 评估重大事故应急能力，识别资源需求，澄清相关机构、组织和人员的职责，改善不同机构、组织和人员之间的协调问题。

3. 检验应急响应人员对应急预案的了解程度和实际操作技能，评估应急培训效果，分析培训需求。

4. 促进公众、媒体对应急预案的理解，争取公众、媒体对重大事故应急工作的支持。

（一）应急演练目的与要求

1. 应急演练目的

应急演练目的是通过培训、评估、改进等手段提高保护人民群众生命财产安全和环境的综合应急能力，检验应急预案的各部分或整体是否能有效地付诸实施，验证应急预案应对可能出现的各种紧急情况的适应性，找出应急准备工作中可能需要改善的地方，确保建立和保持可靠的通信渠道及应急人员的协同性，确保所有应急组织都熟悉并能够履行各自的职责，找出需要改善的潜在问题。

（1）检验预案。通过开展应急演练，查找应急预案中存在的问题，进而完善应急预案，提高应急预案的实用性和可操作性。

（2）完善准备。通过开展应急演练，检查应对突发事件所需应急队伍、物资、装备、技术等方面的准备情况，发现不足及时予以调整补充，做好应急准备工作。

（3）锻炼队伍。通过开展应急演练，增强演练组织单位、参与单位和人员等对应急预案的熟悉程度，提高其应急处置能力。

（4）磨合机制。通过开展应急演练，进一步明确相关单位和人员的职责任务，理顺工作关系，完善应急机制。

（5）科普宣教。通过开展应急演练，普及应急知识，提高公众风险防范意识和自救互救等灾害应对能力。

2.应急演练要求

应急演练类型有多种，不同类型的应急演练虽然有不同的特点，但在策划演练内容、演练情景、演练频次、演练评价方法等方面的共性要求包括：

（1）应急演练必须遵守相关法律、法规、标准和应急预案规定。

（2）领导重视，科学规划。开展应急演练工作必须得到有关领导的重视，给予资金、人员等相应支持，必要时有关领导应参与演练过程并扮演与其职责相应的角色，应急演练必须事先确定演练目标，演练策划人员应对演练内容、情景等事项进行精心策划。

（3）结合实际，突出重点。应急演练应结合当地可能发生的危险源特点、潜在事故类型、可能发生事故的地点和气象条件及应急准备工作的实际情况进行。演练应重点解决应急过程中组织指挥、协同配合和应急准备工作不足的问题，以提高应急行动的整体效能。

（4）周密组织，统一指挥。演练策划人员必须制定并落实保证演练过程达到目标的具体措施，各项演练活动应在统一指挥下实施，参演人员要求遵守演练现场规则，确保演练过程的安全。演练不得影响生产经营单位的安全生产和正常运行，不得使各类人员承受不必要的风险。

（5）由浅入深，分步实施。应急演练应遵循由上而下、先分后合、分步实施的原则。全面的应急演练应以若干次桌面演练和功能演练为基础。

（6）讲究实效，注重质量。应急演练指导机构应精干，工作程序要简明，各类演练文件要实用，避免一切形式主义的安排，以取得实效为检验演练质量的唯一标准。

（7）原则上应避免惊动公众，如必须影响有限数量的公众，则应在公众教育得到普及、条件成熟的时候进行。

（二）应急演练任务与目标

1.任务

（1）确定演练日期。

（2）确定演练目标和演练范围。

（3）编写演练方案。

（4）确定演练现场规则。

（5）指定评价人员。

（6）安排后勤工作。

（7）准备和分发评价人员工作文件。

（8）培训评价人员。

（9）讲解演练方案与演练活动。

（10）记录应急组织演练表现。

（11）评价人员访谈演练参与人员。

（12）汇报与协商。

（13）编写书面评价报告。

（14）演练人员自我评价。

（15）举行公众会议。

（16）通报不足项。

（17）编写演练总结报告。

（18）评价和报告不足项补救措施。

（19）追踪整改项的纠正。

（20）追踪演练目标演练情况。

2. 目标

应急演练目标是指检查演练效果，评价应急组织、人员应急准备状态和能力的指标。在设计演练方案时应围绕这些演练目标展开。

（1）应急动员

应急动员主要展示通知应急组织、动员应急响应人员的能力。本目标要求组织方应具备在各种情况下警告、通知和动员应急响应人员的能力，以及启动应急设施和为应急设施调配人员的能力。组织方不仅要采取系列举措，向应急响应人员发出警报，通知或动员有关应急响应人员就位，还要及时启动应急指挥中心和其他应急支持设施，使相关应急设施从正常运转状态进入紧急运转状态。

（2）指挥和控制

指挥和控制主要展示指挥、协调和控制应急响应活动的能力。本目标要求组织方应具备应急过程中控制所有响应行动的能力。事故现场指挥人员、应急指挥中心指挥人员和应急组织、行动小组负责人员都应按应急预案要求建立事故指挥系统，展示指挥和控制应急响应行动的能力。

（3）事态评估

事态评估主要展示获取事故信息、识别事故原因和致害物、判断事故影响范围及其潜在危险的能力。本目标要求应急组织具备主动评估事故危险性的能力。即应急组织应具备通过各种方式和渠道，积极收集、获取事故信息，评估、调查人员伤亡和财产损失、现场危险性以及危险品泄漏等有关情况的能力;具备根据所获信息,判断事故影响范围,以及对居民和环境的中长期危害的能力;具备确定进一步调查所需资源的能力;具备及时通知国家、省及其他应急组织的能力。

(4)资源管理

资源管理主要展示动员和管理应急响应行动所需资源的能力。本目标要求应急组织具备根据事态评估结果识别应急资源需求的能力,以及动员和整合内外部应急资源的能力。

(5)通信

通信主要展示与所有应急响应地点、应急组织和应急响应人员有效通信交流的能力。本目标要求应急组织建立可靠的主通信系统和备用通信系统,以便与有关岗位的关键人员保持联系。应急组织的通信能力应与应急预案中的要求相一致。通信能力的展示主要体现在通信系统及其执行程序的有效性和可操作性方面。

(6)应急设施、装备和信息显示

应急设施、装备和信息显示主要展示应急设施、装备、地图、显示器材及其他应急支持资料的准备情况。本目标要求应急组织具备足够应急设施,而且应急设施内装备、地图显示器材和应急支持资料的准备与管理状况能满足支持应急响应活动的需要。

(7)警报与紧急公告

警报与紧急公告主要展示向公众发出警报和宣传保护措施的能力。本目标要求应急组织具备按照应急预案中的规定,迅速完成向一定区域内公众发布应急防护措施命令和信息的能力。

(8)公共信息

公众信息主要展示及时向媒体和公众发布准确信息的能力。本目标要求组织方具备向公众发布确切信息和行动命令的能力。即组织方应具备协调其他应急组织,确定信息发布内容的能力;具备及时通过媒体发布准确信息,确保公众能及时了解准确、完整和通俗易懂的信息的能力;具备控制谣言,澄清不实传言的能力。

(9)公众保护措施

公共保护措施主要展示根据危险性质制定并采取公众保护措施的能力。本目标要求应急组织具备根据事态发展和危险性质选择并实施恰当公众保护措施的能力,包括选择并实施学生、残障人员等特殊人群保护措施的能力。

(10)应急响应人员安全

应急响应人员安全主要展示监测、控制应急响应人员面临的危险的能力。本目标要求应急组织具备保护应急响应人员安全和健康的能力,主要强调应急区域划分、个体保护装备配备、事态评估机制与通信活动的管理。

（11）交通管制

交通管制主要展示控制交通流量，控制疏散区和安置区交通出入口的组织能力和资源。本目标要求组织方具备管制疏散区域交通道口的能力，主要强调交通控制点设置、执法人员配备和路障清除等活动的管理。

（12）人员登记、隔离与去污

人员登记、隔离与去污，通过人员登记、隔离与消毒过程，展示监控与控制紧急情况的能力。本目标要求应急组织具备在适当地点（如接待中心）对疏散人员进行污染监测、去污和登记的能力，主要强调与污染监测、去污和登记活动相关的执行程序、设施、设备和人员情况。

（13）人员安置

人员安置主要展示收容被疏散人员的程序、安置设施和装备，以及服务人员的准备情况。本目标要求应急组织具备在适当地点建立人员安置中心的能力，人员安置中心一般设在学校、公园、体育场馆及其他建筑设施中，要求可提供生活必备条件，如避难所、食品、厕所、医疗与健康服务等。

（14）紧急医疗服务

紧急医疗服务主要展示有关转运伤员的工作程序，交通工具、设施和服务人员的准备情况，以及医护人员、医疗设施的准备情况。本目标要求应急组织具备将伤病人员运往医疗机构的能力和为伤病人员提供医疗服务的能力。转运伤病人员既要求应急组织具备相应的交通运输能力，也要求具备确定伤病人员运往何处的决策能力。医疗服务主要是指医疗人员接收伤病人员的所有响应行动。

（15）24 h 不间断应急

24 h 不间断应急主要展示保持 24 h 不间断的应急响应能力。本目标要求应急组织在应急过程中具备保持 24 h 不间断运行的能力。重大事故应急过程可能须持续 1 d 以上的时间，一些关键应急职能须维持 24 h 不间断运行，因此组织方应能安排两班人员轮班工作，并周密安排接班过程，确保应急过程的持续性。

（16）增援国家、省及其他地区

增援国家、省及其他地区主要展示识别外部增援需求的能力和向国家、省及其他地区的应急组织提出外部增援要求的能力。本目标要求应急组织具备向国家、省及其他地区请求增援，并向外部增援机构提供资源支持的能力。主要强调组织方应及时识别增援需求、提出增援请求和向增援机构提供支持等活动。

（17）事故控制与现场恢复

事故控制与现场恢复主要展示采取有效措施控制事故发展和恢复现场的能力。本目标要求应急组织具备采取针对性措施，有效控制事故发展和清理、恢复现场的能力。事故控制是指应急组织应及时扑灭火源或遏制危险品溢漏等不安全因素，以避免事态进一步恶化。现场恢复是指应急组织为保护居民安全健康，在应急响应后期采取的清理现场污染物，恢复主要生活服务设施，制定并实施人员重入、返回措施等一系列活动。

（18）文件化与调查

文件化与调查主要展示为事故及其应急响应过程提供文件资料的能力。本目标要求应急组织具备根据事故及其应急响应过程中的记录、日志等文件资料调查分析事故原因并提出应急管理存在的不足和改进建议的能力。从事故发生到应急响应过程基本结束，参与应急的各类应急组织应按有关法律法规和应急预案中的规定，执行记录保存、报告编写等工作程序和制度，保存与事故相关的记录、日志及报告等文件资料，供事故调查及应急响应分析使用。

（三）应急演练的原则

1. 领导重视，依法进行。最高领导层要充分意识到应急演练的重要作用和真正目的，端正思想，克服演练是"形式主义、没效益、白花钱"等错误思想，只有领导重视，应急演练才能得到根本保障。

2. 周密组织，安全第一。演练的根本目的，是要保障生命和财产免受伤害，绝不能在演练中出现人员伤亡、影响生产的情形。

3. 结合实际，合理定位。紧密结合应急管理工作实际，明确演练目的，根据资源条件确定演练方式和规模。

4. 着眼实战，讲求实效。以提高应急指挥人员的指挥协调能力、应急队伍的实战能力为着眼点，重视对演练效果及组织工作的评估、考核，总结推广好经验，及时整改存在的问题。

5. 精心组织，确保安全。围绕演练目的，精心策划演练内容，科学设计演练方案，周密组织演练活动，制定并严格遵守有关安全措施，确保演练参与人员及演练装备设施的安全。

6. 统筹规划，厉行节约。统筹规划应急演练活动，适当开展跨地区、跨部门、跨行业的综合性演练，充分利用现有资源，努力提高应急演练效益。

(四)应急演练类型

1. 桌面演练

桌面演练是指由应急组织的代表或关键岗位人员参加的、按照应急预案及其标准运作程序讨论紧急情况时应采取行动的演练活动。桌面演练的主要特点是对演练情景进行口头演练,一般是在会议室内举行的非正式活动,主要作用是在没有时间压力的情况下,演练人员检查和解决应急预案中的问题,获得一些建设性的讨论结果。主要目的是在友好、较小压力的情况下,锻炼演练人员解决问题的能力,以及解决应急组织相互协作和职责划分的问题。

2. 功能演练

功能演练是指针对某项应急响应功能或其中某些应急响应活动而举行的演练活动。功能演练主要目的是针对应急响应功能,检验应急响应人员以及应急管理体系的策划和响应能力。

功能演练比桌面演练规模要大,须动员更多的应急响应人员和组织,必要时,还可要求国家级应急响应机构参与演练过程,为演练方案设计、协调和评估工作提供技术支持,因而协调工作的难度也随着更多应急响应组织的参与而增大。功能演练所需的评估人员一般为 4~12 人,具体人数依据演练地点、社区规模、现有资源和被演练功能的数量而定。演练完成后,除采取口头评论形式外,还应向地方提交有关演练活动的书面汇报,提出改进建议。

3. 全面演练

全面演练指针对应急预案中全部或大部分应急响应功能,检验、评价应急组织应急运行能力的演练活动。

与功能演练类似,全面演练也需要负责应急运行、协调和政策拟定人员的参与,以及国家级应急组织人员在演练方案设计、协调和评估工作方面提供的技术支持,但在全面演练过程中,这些人员或组织的演练范围要比功能演练更广。全面演练一般需 10~50 名评价人员。演练完成后,除采取口头评论和书面汇报外,还应提交正式的书面报告。在这三种演练中,全面演练能够比较全面、真实地展示应急预案的优缺点,参与人员能够得到较好的实战排练,因此,在条件和时机成熟时,政府和生产经营单位应尽可能进行全面演练。

(五)应急演练参与人员

1. 演练人员

演练人员是指在应急组织中承担具体任务,并在演练过程中尽可能对演练情景或模拟事件做出其在真实情况下可能采取响应行动的人员，也就是通常所说的演员。他们所承担的具体任务包括：

第一，救助伤员或被困人员。

第二，保护财产或公众健康。

第三，获取并管理各类应急资源。

第四，与其他应急响应人员协同应对重大事故或紧急事件。

2. 控制人员

控制人员是指根据演练情景控制应急演练进展的人员。他们在演练过程中的任务包括：

（1）确保应急演练目标得到充分演练，以利于评价工作的开展。

（2）确保演练活动对于演练人员来说既具有一定的工作量，又有一定的挑战性。

（3）确保演练的进度。

（4）解答演练人员的疑问，解决演练过程中出现的问题。

（5）保障演练过程的安全。

控制人员根据演练方案及演练计划的要求，以各种不同身份来诱导演练人员按响应程序行动，并不断给出情况或消息，供参演的指挥人员进行判断、提出对策、纠正行动偏差，并注意充分发挥演练人员的主动性，只有在迫不得已时，才以命令的形式直接纠正演练人员的错误。

3. 模拟人员

模拟人员是指演练过程中扮演、代替某些应急响应机构和服务部门，或模拟紧急事件、事态发展的人员。开展应急演练，并不要求所有应急机构、组织、部门或人员参与，参与演练的应急机构、组织、部门和人员取决于演练范围、规模、目标，不参与演练并不说明该次演练不需要这些机构、组织、部门或人员的支持与配合。应急机构参与时，须在现场或指挥中心以外的其他地方进行的各项活动主要通过模拟人员的模拟行动完成。

模拟人员承担的任务包括：

（1）扮演、替代正常情况或响应实际紧急事件时应与应急指挥中心、现场应急指挥所相互作用的机构或服务部门，由于各方面的原因，这些机构或服务部门并不参与此次演练。

（2）模拟事故的发生过程，如释放烟雾、模拟气象条件、模拟泄漏等。

模拟人员可以扮演多种身份或替代多个机构和服务部门，与应急指挥中心、现场指挥所之间一般采取书面消息传递、模拟适时行动等相互作用方式。

4. 评价人员

评价人员是指负责观察演练进展情况并予以记录的人员，主要任务包括：

（1）观察演练人员的应急行动，并记录其观察结果。

（2）在不干扰演练人员工作的情况下，协助控制人员确保演练按计划进行。

评价人员可由来自相关应急管理或响应机构或各级政府机构的代表担任。演练前，评价人员必须接受有关评价技术和评价方法方面的培训。演练过程完成后，评价人员所收集到的客观信息和事实将成为评估应急组织表现、总结应急演练和应急预案各方面优缺点的基础。

5. 观摩人员

观摩人员是指来自相关社区或邻近社区，旁观演练过程的观众。

二、应急演练实施

应急演练实施阶段指从宣布初始事件到演练结束的整个过程。虽然应急演练的类型、规模、持续时间、演练情景和演练目标等有所不同，但演练过程中均应包括演练控制和演练实施要点。

（一）演练控制

应急演练活动一般始于报警消息，在此过程中，参演应急组织和人员应尽可能按实际紧急事件发生时的响应要求进行演练，即"自由演练"，由参演应急组织和人员根据自己关于最佳解决办法的理解，对情景事件做出响应行动。

演练过程中，策划小组或导演分队负责人的作用主要是宣布演练开始和结束，以及解决演练过程中的矛盾。控制人员的作用主要是向演练人员传递控制消息，提醒演练人员终止对情景演练具有负面影响或超出演练范围的行动，提醒演练人员采取必要行动以正确展示所有演练目标，终止演练人员不安全的行为，延迟或终止情景事件的演练。

演练过程中参演应急组织和人员应遵守当地相关的法律法规和演练现场规则，确保演练安全进行，如果演练偏离正确方向，控制人员可以采取"刺激行动"以纠正错误。"刺激行动"包括终止演练过程，使用"刺激行动"时应尽可能平缓，以诱导方法纠偏，只有对背离演练目标的"自由演练"才使用强刺激的方法使其中断反应。

（二）演练实施要点

1. 初次通报

（1）检验有关方面发现重大事故发生并宣布紧急状态的能力。紧急情况既可能是固定地点的危险源引发的事故，也可能是公路运输事故，因而演练或应对真实事故时，应检验工厂管理人员、运载工具驾驶人员以及首批抵达事发现场的当地应急响应人员（包括公安和消防队员）是否具备一定的发现重大事故发生并宣布紧急状态的能力。

（2）联系国家相关灾种应急救援指挥机构与当地应急组织。一旦发现发生重大事故或宣布为紧急状态，工厂管理人员、运载工具驾驶人员以及地方应急响应人员应根据相关法律法规的要求，及时联系国家相关灾种的应急救援指挥机构。

（3）通知所有应急响应单位和个人。演练过程中演练人员应如实拨打电话，通知所有相关应急响应机构和人员。与模拟拨打相比，如实拨打电话可检验完成紧急情况初次通知任务所需时间，利于判断演练人员是否能在合理的期限内通知所有应急响应单位和人员。对于难以用固定电话通知的移动人员，演练人员可使用其他通知方式，如手机，并使用检查表，以确保所有关键人员都能及时得到通知。

2. 指挥与控制

（1）明确事发单位与场外政府官员在早期应急响应过程中的职责。事发单位由于具备大量应急资源与相应的技术知识，有必要在演练和真实紧急事件应急过程的初期阶段承担一定的职责。

（2）实施事故指挥系统。事故指挥系统主要由人员、相关政策、工作程序和应急设备设施构成，具有相同的组织结构，负责管理所分配的应急资源，以有效完成与控制事发现场相关的规定目标。事故指挥系统既适用于一般事故的管理，也适用于重大灾害的应急管理，日常工作中有意识地应用该系统有利于重大紧急情况的处理。

（3）确保相关官员承担应急演练过程的指挥任务。地方重大事故应急预案中指定的负责紧急事件应急响应工作的官员应参加应急演练并承担相应的职责，演练策划小组不得在演练过程中将本应该由官员承担的职责分配给其他人，即使该名官员不能参加演练或中途必须离开，也应由应急预案中指定的接替人员来承担此项工作。

（4）力争所有部门、组织都能参与应急演练。应急演练的组织者应努力使所有重要部门、应急组织都能参与演练，应急演练过程中，关键部门、关键人员的缺席容易损害地方应急响应人员的积极性。

（5）24 h 不间断演练与关键岗位人员轮班。指挥和控制功能中最薄弱的环节是人员的 24 h 调动问题，首批抵达现场的应急人员通常都是能力较强的人员，而后备人员却经常需要外部监督或协助。因此，演练和应对真实紧急情况时，为维持较高的应急响应能力，必须确保人员的充裕，满足 24 h 不间断的需求，并对关键岗位人员实施轮班作业制度。

（6）启动现场指挥所与应急运行中心。演练开始前，除非设有专职应急指挥中心，演练策划人员或参与演练的人员不得事先启动指挥所或应急指挥中心，以便检验及时启动这些应急机构所需的时间。应急指挥中心全体工作人员应熟悉各自职责、工作程序与要求。

3. 通信

（1）启用通信信息系统及备用通信信息系统。应急演练过程中，通信交流方面的共性问题是多个无线电通话频率混存，缺乏可协调所有应急响应工作的通信平台。因而，为确保演练时各类信息、指令上传下达的通畅和信息交流渠道的可靠性，演练人员应启用主通信系统和备用通信系统。

（2）保存所有通信信息。演练策划者及组织者应要求所有应急响应机构或组织中负责通信交流的人员保存所有与信息交流有关的文件，包括各类消息和无线电通信日志，以便事后总结经验时确定不足之处。如果通信日志中含有敏感信息，不便对外发布，负责通信交流的人员应单独准备一份用于演练过程的通信日志。

4. 警报与紧急公告

（1）确定演练日期。演练组织者应尽量根据公共警报系统常规检测日期确定应急演练日期，使两者一致，以减少公众不必要的关注，如果无法满足此项要求，应急响应人员就应实施正常的工作程序，启用公共警报系统，并发出警报。评价人员应计算完成公共警报系统启动过程所需的时间，以确定正常情况下的人员力量在承担日常工作的同时，能否完成警报系统的启动任务。

（2）起草紧急广播消息。演练时，演练人员应按实战方式起草紧急广播消息，为确定消息的可读程度，可邀请参演的广播人员按演练情景和实时性要求制作所有紧急广播消息。

（3）选择警报发布系统。实战时应尽量利用已建成的地震、防洪、核事故等灾种的警报发布系统向公众发布有关紧急情况的消息，因此，演练时选择警报发布方式时应注意现有的可供利用的警报系统，并注意演练现有警报系统中不被经常使用，但适用于现有紧急情况的部分。

（4）沿路发布警报。沿路发布警报也是演练或实战时可以采用的向公众紧急广播的方式之一。为评估采取此种方式完成公告发布任务所需的时间，广播人员发布消息时，语速应缓慢，必要时，逐户通知并传达有关紧急情况的消息。应急响应人员应了解各类公众对象的特殊性，采取合适的通知方式，演练时可采取模拟方式进行这方面的练习。应急响应人员在通知公众有关信息时，应认真评审各类消息的内容及其准确性。此外，沿路发布警报还应注意所使用的语言，尽量使用普通话和当地居民熟悉的方言。

（5）发布公告。演练时，应确保所有有关现场保护措施的公告内容完整，包括实施这些措施所需的各类信息,如避难所、疏散须知、风级和风向、疏散路线和人员集结区域等。

5. 公共信息与社区关系

(1) 处理与媒体的关系。演练时应尽可能按实际情景处理与媒体的关系,如:建立新闻中心、举行新闻发布会和情况介绍会,消除新闻报道相互不一致的现象,并控制谣言的传播;制定电视和广播媒体的监督管理规定,以便迅速纠正不正确信息;邀请媒体代表或其他人员询问一些与演练情景相关的疑难问题。

(2) 协调公共信息发布活动。重大紧急事件发生后,大量应急组织参与救援行动,需要发布的信息量很大,可供准备时间较短,要求在发布各类公共信息的过程中,很好地协调各应急组织的关系,因此,要求演练时开展这方面的训练。

(3) 正确使用"市民热线"。开通"市民热线"是避免谣言传播的有效方法之一。如果重大事故应急预案中要求启用"市民热线",则无论是演练或实战,负责处理公共信息与社区关系工作的人员必须在每次新闻发布会上公布该热线电话号码,每次重大事故进展情况介绍会上重申该热线,在本地各显著位置提示该热线号码。演练或实战时负责公共信息与社区关系的人员应积极接待媒体的采访,以确保传达出的信息准确无误,并正确回应市民的咨询电话。

(4) 任命负责公共信息与社区关系的专职官员。演练时应按实战要求任命负责处理公共信息与社区关系的专职官员,该名官员应参加每次新闻发布会,确保热线电话能传递最新信息。

(5) 公共信息与新闻发布。演练时应按实战要求确保发布公共信息或举行新闻发布会,以便及时准确反映演练情景以及有关演练进展的消息。发布公共信息或新闻时,应认真解释或定义与应急预案、应急过程相关的专业术语,利用通俗易懂的语言向公众解释当前面临紧急情况的特点及其危害性,不得期望由媒体来解释技术性很强的信息并保证能将这些信息毫无偏差地传达给公众。演练时应充分利用视频器材介绍有关情况,增强说明的效果,并尽可能迅速地向媒体说明伤亡情况和应急救援情况,减少误解和不正确的报道。新闻发言人应有效整合各应急响应单位汇报的信息,确保新闻或消息成文发布、内容全面、含义明确。新闻发布过程应进行录像,以作为演练后总结工作的重要参考资料。

6. 资源管理

演练过程中,对于资源管理功能的演练应注意如下问题:

(1) 确认应急所需的资源。演练时动员所有实战时所需的应急资源既不现实,也会使演练成本成倍增加,因此,演练过程中如果需要调用某种应急资源,可拨打相关单位的求助电话,要求采取模拟方式提供所需的资源,并说明可实际提供的资源数量,以便应急管理人员核对资源清单的准确性并予以更新。

（2）保存所有资源请求的记录。演练时提出资源需求，提供资源的双方都应保存所有资源请求的记录，以检验提出资源需求一方的要求是否得到满足，而提供资源一方是否具备并提供了足够的资源。

7. 卫生与医疗服务

演练过程中，对于卫生与医疗服务功能的演练应注意如下问题：

（1）防止污染救护设施和救护人员。重大事故发生时，现场可能伴随各类危险物品，对伤员的身体、衣物、用具造成污染，处理这些被污染的伤员时，应避免救护设施、救护人员被污染。应急管理者应制定相关的工作程序与制度，并通过演练检验这方面工作中存在的不足，表明是否需要进一步地培训或是否需要对程序及制度予以修订。

（2）如实拨打卫生与医疗服务机构求助电话。应急演练时，即使只有极少数伤病人员，演练人员也应按实战的要求如实拨打卫生与医疗机构的求助电话。

（3）判断医疗机构是否了解诊断与治疗方法。重大事故发生时，应确保伤员能在事发现场或医疗机构中得到正确的医治，地方医疗机构有时并不具备独立处理有关伤病人员的能力，因此，演练时演练人员应确认所求助的医疗机构是否了解相关的诊断和治疗方法，在无外部医疗专家协助时，是否具备相应的独立处理能力。

（4）提供医疗救护信息。医疗救护信息包括伤员数量、伤害类型、致害物、健康危害、诊断标准、处治措施、救护车往返所需时间等，这些信息一般由应急救援人员或相关的技术机构提供。医疗救护信息可采取多种信息交流进行提供，演练时应检验向医疗机构提供医疗救护信息的程序。

（5）伤员分级。演练时应按实战要求对伤员伤情进行分级，伤情分级可采用各种方法，如色标法，即：绿色表示该名伤员可稍后救治；黄色表示该名伤员虽无生命危险，但应送往医院救治；红色表示该名伤员有生命危险，须立即救治；黑色表示该名伤员伤势过重，无法救治或已死亡。

（6）保护医护人员。污染伤员衣物的有毒有害化学品可能挥发并释放出有毒有害气体，对医护人员造成潜在的危害，因此，演练时应按实战要求对医护人员工作的受限空间（如救护车、急救室等）采取有效的保护措施，如穿戴合适的个体防护用品。

8. 应急响应人员安全

演练过程中，对于应急响应人员安全功能的演练应注意如下问题：

（1）遵守相关法律法规。应急演练过程中，演练的组织者及策划人员应遵守国家有关应急管理、安全生产、环境保护和公共卫生等方面的法律、法规、规章、规程和国家标准，确保应急演练及演练参与人员的安全。

（2）检验应急响应人员是否了解所面临的危险。在确保应急响应人员演练或实战时的人身安全方面，一般过于强调个体防护用品使用知识的培训，而忽视了紧急情况下正确辨识危险性质与合理选择防护措施的能力的培养。演练时，可通过询问、观察等方式检验应急响应人员是否能正确了解面临的危险和应采取的个体防护措施，评价这些措施是否与当前危险性质、短期或长期危害相适应。

（3）分发保护装备。演练过程中，应按实战要求向参加演练的人员模拟发放个体防护装备，检验这些防护措施是否能够使用，以及将应急响应人员派往事发地点所需的准备时间。模拟使用个体防护装备，演练过程中，演练人员应模拟使用个体防护装备防护各类危害，或至少应试穿个体防护用品，以学习正确的使用方法并检验其中的缺陷。

（4）个体剂量监测与净化。演练人员演练时应按实战要求，在靠近限制区入口且远离事发现场的地点开展个体剂量监测与净化活动，如果这些活动的工作区远离冲淋场所，参演单位应在附近配备移动式冲淋设施。

（5）建立应急响应人员紧急疏散警报系统。为防止应急救援过程中指挥人员与救援行动人员之间通信不畅，无法传达紧急疏散指令，使救援人员承受不必要的伤害，应急管理者应当建立及时通知应急救援人员撤离危险区域的方法，如命令鸣笛、电子警报器 30 s。演练时应按实战要求，在现场配备此类装备并确保其作用范围覆盖现场所有区域。

（6）检查应急响应行动进展情况。救援行动的指挥人员在演练过程中应按实战的要求及时检查行动指令的执行和现场的反馈情况，分析存在的问题，并发出下一步行动指令，以取得与行动目标相一致的结果。

（7）监督应急响应过程中现场设备和材料的使用。演练过程中，救援行动的指挥人员应监督应急响应过程中的现场设备和材料的使用情况，确保现场各类消耗性材料供给，以满足应急响应行动的需要。

9. 公众保护措施

演练过程中，对于公众保护措施功能的演练应注意如下问题：

（1）检验地方应急响应人员解决问题的能力。演练时，应急管理者应检验应急响应人员在实施各种公众保护措施过程中解决问题的能力，如联络应急指挥中心，寻求交通运输工具的支援等；检验应急指挥人员在实施公众保护措施过程中，解决特殊人群保护需求的能力，如在校学生的保护，如果需要学校提前结束教学，疏散学生，则指挥人员应与学校管理人员紧密联系，确保此类行动得到严格监督，以免学校匆忙解散学生后，使学生面临或造成更大的风险。

（2）公众保护措施。任何有关公众保护措施的决定都应以事态评估所获得的信息为依据。演练时，应急指挥人员应按实战要求，综合考虑时间、季节、流动人员、交通状况等因素，讨论并制定公众保护措施。

10. 火灾与救援

演练过程中，对于火灾与搜救功能的演练应注意如下问题：

（1）制定救援程序。演练时，应急指挥人员应按实战要求制定救援程序，确保救援人员（如消防队员、公安人员、医疗救护人员）能及时到达事发现场。

（2）救援。救援行动包括识别危险性质、评估伤员伤情、初步处置伤员、使用各类应急救援工具等行为和活动。演练时，要求救援人员能根据面临的危险性质调整应急救援行动，要求救援人员能对伤员采取正确的处置方法，要求救援人员之间能保持有效的通信交流渠道。此外，演练时还要求检验氧气／空气瓶及其他应急物资的保障情况等。

11. 执法

演练过程中，对于执法功能的演练应注意如下问题：

（1）保障执法人员安全。执法人员一般不认为是应急响应人员，但重大事故发生时，他们经常承担维护事发现场公共秩序的职责，生命安全及健康也会面临各类危险、有害因素的影响。因此，演练时也应按实战要求考虑制定相应的安全保护措施，分发个体防护装备，并对这些措施予以检验，以便更好地保障执法人员的安全健康。

（2）通知执法人员有关信息。演练时，应急响应人员应及时通知执法人员有关重大事故救援工作的进展情况以及建议执法人员应采取的保护措施，以便执法人员能够在维持公共秩序的同时，回答公众询问并向其介绍了解更多信息的渠道。

12. 事态评估

演练过程中，对于事态评估功能的演练应注意如下问题：

（1）保障事态评估工作所需物资。为避免事态评估工作非正常中断，现场救援能力下降，演练时应按实战要求，确保事态评估工作所需的各类资源、物资、器材的供给，如空气瓶、样品盛装容器及监测仪器等。事态评估所需的监测仪器和设备应经过标定，具有足够的精确度，应急管理机构应制定相应的工作制度，确保监测设备能定期接受计量标定。

（2）分配事态评估任务。演练时，应急响应人员应各司其职，完成各自承担的事态评估工作。以某工厂化学品泄漏事故为例，早期厂内及厂外事态评估工作都由工厂应急响应人员承担，内容主要包括有毒蒸气云性质、大小、移动方向等；后期厂外事态评估工作则交由地方应急救援人员承担。又如交通事故，运输方应承担最初的事态评估工作，评估破坏性质、可能造成的后果，然后通知有关专业机构或政府部门，由有关专业机构或政府部门派出专业人员进行评估。

（3）确认事态评估人员。演练时应按实战要求，指定负责事态评估工作的人员，任命各事态评估小组的负责人，确保各事态评估小组成员都具有明确的工作职责。

（4）事态评估。演练时应按实战要求，事先向事态评估小组说明紧急事件性质、面临的危险情况及气象信息等，重申评估小组的任务、各成员职责及安全注意事项，检查监测仪器设备的完好状态及相互通信交流的方法。

13. 人道主义服务

演练过程中，对于人道主义服务功能的演练应注意如下问题：

（1）吸引志愿人员参与演练。应急演练策划人员应有意识地吸引志愿人员参与演练活动，必要时修订演练方案中不利于志愿人员参与的内容。但志愿人员不能承担关键任务，演练时所有关键岗位必须由正式的应急响应人员或其替补人员担任。

（2）检验人道主义服务机构的工作能力。演练时应按实战要求，检验负责人道主义服务的机构向大众以及特殊对象（如残疾人员）提供健康服务的能力。

14. 市政工程

演练过程中，对于市政工程功能的演练应注意吸引市政人员参与演练。

一般来说，市政人员主要承担市政施工、设备安装和物资供应等日常工作，没有接受有关应急处理知识的培训，缺乏应对紧急情况所需的经验和专业知识，但由于市政人员在减缓事态进一步恶化方面可发挥重大作用，因此，应急演练策划人员也应吸收市政人员参与演练活动。

三、应急演练评价与总结

（一）应急演练评价

1. 应急演练评价方法

应急演练评价方法是指演练评价过程中的程序和策略，包括评价组组成方式、评价目标与评价标准。评价人员较少时可仅成立一个评价小组并任命一名负责人；评价人员较多时，则应按演练目标、演练地点和演练组织进行适当的分组，除任命一名总负责人外，还应分别任命小组负责人。评价目标是指在演练过程中要求演练人员展示的活动和功能。评价标准是指供评价人员对演练人员各个主要行动及关键技巧评判的指标，这些指标应具有可测量性。评价目标与演练目标相一致，评价标准则与演练目标的评价准则一致。

情景设计时，策划人员应编制评价计划，应列出必须进行评价的演练目标及相应的评价准则,并按演练目标进行分组,分别提供给相应的评价人员。

2. 演练评价内容

演练评价的主要内容如下:

(1)演练背景。

(2)参与演练的部门和单位。

(3)演练方案和目标。

(4)演练过程的全面评价。

(5)演练过程发现的问题和整改措施。

(6)对应急预案和有关程序的改进建议。

(7)对应急设备、设施维护与更新的建议。

(8)对应急组织、应急相应人员和培训的建议。

3. 演练发现

演练发现是指通过演练评价过程,发现应急救援体系、应急预案、应急执行程序或应急组织中存在的问题。按对人员生命安全的影响程度将演练发现划分为三个等级,从高到低分别为不足项、整改项和改进项。

(1)不足项

不足项是指演练过程中观察或识别出的,可能使应急准备工作不完备,从而导致在紧急事件发生时不能确保应急组织采取合理应对措施保护人员安全的问题。不足项给予应在规定的时间内予以纠正。演练发现确定为不足项时,策划小组负责人应对该不足项详细说明,并给出应采取的纠正措施和完成时限。根据美国联邦应急管理署研究成果,最有可能导致不足项的应急预案编制要素包括:职责分配,应急资源,警报、通报方法与程序,通信,事态评估,公共教育与信息,保护措施,应急响应人员安全和紧急医疗服务。

(2)整改项

整改项是指演练过程中观察或识别出的单独并不可能对公众生命造成不良影响的不完备项。整改项应在下次演练时予以纠正。两种情况下,整改项可列为不足项。

①某个应急组织中存在两个以上整改项,共同作用可妨碍为公众生命安全健康提供足够的保护。

②某个应急组织在多次(两次以上)演练过程中,反复出现前次演练识别出的整改项。

(3)改进项

改进项是指应急准备过程中应予改善的问题。改进项不同于不足项和整改项,一般不会对人员生命安全健康产生严重影响,因此,不必要求对其予以纠正。

（二）应急演练总结

演练结束后，进行总结与讲评是全面评价演练是否达到演练目标、应急准备水平以及是否需要改进的一个重要步骤，也是演练人员进行自我评价的机会。根据应急演练任务相关要求，演练总结与讲评可以通过访谈、汇报、协商、自我评价、公开会议和通报等形式进行。

策划小组负责人应在演练结束规定期限内，根据评价人员演练过程中收集和整理的资料，以及从演练人员和公开会议中获得的信息，编写演练报告并提交给有关政府部门。演练报告是对演练情况的详细说明和对该次演练的评价。

1. 归纳演练的等级

为了真实客观地反映预案演练的效果，为今后的演练工作提供指导性意见，对演练效果要做出正确的结论评价。一般来讲，评价结论一般分为以下 6 个等级。

（1）非常成功

演练完全按照演练策划方案顺利进行，突然出现的意外情况，也得到了及时正确的处置，圆满实现演练的预定目标。

（2）总体成功

演练总体按照演练策划方案顺利进行，虽有策划不周、操作不妥不足之处，但没有明显的缺陷，圆满实现了既定的演练目标。

（3）基本成功

基本按照演练策划方案进行，但出现了许多不应该出现的情况，既定的演练目标没有实现。

（4）基本失败

基本按照演练策划方案进行演练，但是，有个别的重要的演练目标总体没有实现。

（5）失败

在演练过程中，出现重大错误、不足或者缺陷，并导致既定的演练目标总体没有实现。

（6）严重失败

在演练过程中，出现重大的错误、不足或者缺陷，不仅既定的演练目标没有实现，而且引发了不应发生的人员伤亡、正常生产受到影响、周围公众生活受到损害等事故。

2. 总结报告

（1）召开演练评估总结会议

在演练结束后一个月内。由演练组织单位召集评估组和所有演练参与单位，讨论本次演练的评估报告，并从各自的角度总结本次演练的经验教训，讨论确认评估报告内容，并讨论提出总结报告内容，拟订改进计划，落实改进责任和时限。

（2）编写演练总结报告

在演练评估总结会议结束后，由文案组根据演练记录、演练评估报告、应急预案、现场总结等材料，对演练进行系统和全面的总结，并形成演练总结报告。演练参与单位也可对本单位的演练情况进行总结。

演练报告中应包括如下内容：

①本次演练的背景信息，含演练地点、时间、气象条件等。

②参与演练的应急组织。

③演练情景与演练方案。

④演练目标、演练范围和签订的演练协议。

⑤应急情况的全面评价，含对前次演练不足项在本次演练中表现的描述。

⑥演练发现与纠正措施建议。

⑦对应急预案和有关执行程序的改进建议。

⑧对应急设施、设备维护与更新方面的建议。

⑨对应急组织、应急响应人员能力与培训方面的建议。

3. 文件归档与备案

演练组织单位在演练结束后应将演练计划、演练方案、各种演练记录（包括各种音像资料）、演练评估报告、演练总结报告等资料归档保存。

对于由上级有关部门布置或参与组织的演练，或者法律、法规、规章要求备案的演练，演练组织单位应当将相关资料报有关部门备案。

4. 演练的评价和改进

通过应急演练评价，辨识应急预案和程序中的缺陷，确定培训、演练是否达到预期目标。对事故应急预案的修订要求做到：①企业应对在演练中出现的问题及时提出解决方案，对事故应急预案进行修订；②企业应在现场危险设施和危险物发生变化时及时修改事故应急处理预案；③把事故应急处理预案的修改情况及时通知所有与事故应急处理预案有关的人员。

5. 追踪整改项的纠正

追踪是指策划小组在演练总结与讲评过程结束之后，安排人员督促相关应急组织继续解决其中尚待解决的问题或事项的活动。为确保参演应急组织能从演练中取得最大益处，策划小组应对演练发现进行充分研究，确定导致该问题的根本原因、纠正方法、纠正措施以及完成时间。并指定专员负责对演练中发现的不足项和整改项的纠正过程实施追踪，监督检查纠正措施的进展情况。

四、应急培训与教育

(一) 应急培训与教育指导思想、工作原则和基本任务

基本应急培训是指对参与应急行动所有相关人员进行的最低程度的应急培训,要求应急人员了解和掌握如何识别危险、如何采取必要的应急措施、如何启动紧急情况警报系统、如何安全疏散人群等基本操作,尤其要加强火灾应急培训以及危险物质事故应急的培训,因为火灾和危险品事故是常见的事故类型。因此,在培训中要加强与灭火操作有关的训练,强调危险物质事故的不同应急水平和注意事项等内容,主要包括以下几方面:①报警;②疏散;③火灾应急培训;④不同水平应急者培训。

应急培训与教育全面落实科学发展观,坚持"安全发展"指导原则和"安全第一,预防为主,综合治理"方针,以减少和控制事故发生,保障劳动者安全与健康为根本,以落实和完善安全生产应急预案为基础,以提高应急管理和应急处置能力为重点,全面加强安全生产应急管理培训与教育工作,为安全生产应急管理和应急救援工作提供人才保障和智力支持。

应急培训与教育工作原则:安全生产应急培训与教育工作纳入安全监管总局培训工作总体规划部署,有计划、分步骤实施,并遵循以下工作原则:

1. 统一规划,合理安排。
2. 分级实施,分类指导。
3. 联系实际,学以致用。
4. 整合资源,创新方式。
5. 规范管理,提高质量。

(二) 应急培训与教育的基本内容

在具体培训中,通常将应急者分为5种水平,即初级意识水平应急者、初级操作水平应急者、危险物质专业水平应急者、危险物质专家水平应急者、事故指挥者水平应急者。每一种水平都有相应的培训要求。

1. 报警

(1) 使应急人员了解并掌握如何利用身边的工具最快速最有效地报警,如用手机、无线电、网络,或其他方式报警。

(2) 使应急人员熟悉发布紧急情况通告的方法,如使用警笛、警钟、电话或广播等。

（3）当事故发生后，为及时疏散事故现场的所有人员，应急队员应掌握如何在现场贴发警报标志。

2. 疏散

为避免事故中不必要的人员伤亡，应培训与教育足够的应急队员在紧急情况下，现场安全、有序地疏散被困人员或周围人员。对人员疏散的培训可在应急演练中进行，通过演练还可以测试应急人员的疏散能力。

3. 火灾应急培训与教育

如上所述，由于火灾的易发性和多发性，对火灾应急的培训与教育显得尤为重要，要求应急队员必须掌握必要的灭火技术以在着火初期迅速灭火，降低或减小导致灾难性事故的可能性，掌握灭火装置的识别、使用、保养、维修等基本技术。由于灭火主要是消防队员的职责，因此，火灾应急培训与教育主要也是针对消防队员开展的。

4. 不同水平应急者培训与教育

（1）初级意识水平应急者

该水平应急者通常是处于能首先发现事故险情并及时报警的位置上的人员，例如保安、门卫、巡查人员等。对他们的培训与教育要求包括：

①认识危险物质并能识别危险物质的泄漏迹象。

②了解所涉及的危险物质泄漏的潜在后果。

③了解应急者自身的作用和责任。

④能确认必需的应急资源。

⑤如果需要疏散，限制未经授权人员进入事故现场。

⑥熟悉事故现场安全区域的划分。

⑦了解基本的事故控制技术等。

（2）初级操作水平应急者

该水平应急者主要参与预防危险物质泄漏的操作，以及发生泄漏后的事故应急，其作用是有效阻止危险物质的泄漏，降低泄漏事故可能造成的影响。对他们的培训与教育要求包括：

①掌握危险物质的辨识、确认，危险程度分级方法。

②掌握基本的危险和风险评价技术。

③会正确选择和使用个人防护设备。

④了解危险物质的基本术语以及特性。

⑤掌握危险物质泄漏的基本控制操作。

⑥掌握基本的危险物质清除程序。

⑦熟悉应急计划的内容等。

（3）危险物质专业水平应急者

该水平应急者的培训与教育应根据有关指南要求来执行，达到或符合指南要求以后才能参与危险物质的事故应急。对其培训要求除了掌握上述应急者的知识和技能以外还包括：

①保证事故现场的人员安全，防止不必要伤亡的出现。

②执行应急行动计划。

③识别、确认、证实危险物质。

④了解应急救援系统各角色的功能和作用。

⑤了解特殊化学品个人防护设备的选择和使用。

⑥掌握危险和风险的评价技术。

⑦了解先进的危险物质控制技术。

⑧熟悉事故现场清除程序。

⑨了解基本的化学、生物、放射学的术语和其表现形式等。

（4）危险物质专家水平应急者

具有危险物质专家水平的应急者通常与危险物质专业人员一起对紧急情况做出应急处置，并向危险物质专业人员提供技术支持。因此要求该类专家所具有的关于危险物质的知识和信息必须比危险物质专业人员更广博更精深。因此，危险物质专家必须接受足够的专业培训与教育，以使其具有相当高的应急水平和能力：

①接受危险物质专业水平应急者的所有培训与教育要求。

②理解并参与应急救援系统的角色作用和分配。

③掌握完善的风险和危险评价技术。

④掌握危险物质的有效控制操作。

⑤参加一般清除程序的制定与执行。

⑥参加特别清除程序的制定与执行。

⑦参加应急行动结束程序的执行。

⑧掌握化学、生物、毒理学的术语与表示形式等。

（5）事故指挥者水平应急者

该水平应急者主要负责的是对事故现场的控制并执行现场应急行动，协调应急队员之间的活动和通信联系。该水平的应急者具有相当丰富的事故应急和现场管理的经验，由于他们责任的重大，要求他们参加的培训与教育应更为全面和严格，以提高应急者的素质，保证事故应急的顺利完成。通常，该类应急者应该具备下列能力：

①协调与指导所有的应急活动。

②负责执行一个综合的应急计划。

③对现场内外应急资源的合理调用。

④提供管理和技术监督，协调后勤支持。

⑤协调信息传媒和政府官员参与的应急工作。

⑥提供事故后果的文本。

⑦负责向国家、省市、当地政府递交的事故报告的撰写提供指南。

⑧负责提供事故总结等。

（三）应急培训与教育实施

1. 应急培训目标

（1）让领导干部重视应急救援工作，具有良好的应急救援意识，树立以人为本的科学发展观，严格履行应急职责，切实把应急工作当作"生命的工程"来抓。

（2）让应急指挥人员掌握应急救援的流程、资源的分布、重大危险源的处置，具备过硬的组织指挥能力。

（3）让专业应急人员掌握应急救援的程序和要领，具备良好的专业救灾技术方案制订和现场处置能力。

（4）让应急人员掌握识别风险、规避风险和岗位应急救援要求，具备较强的自救和互救能力。

（5）相关社会公众具备辨识相关的基本风险和规避风险的能力。

（6）提高应急救援能力。

2. 应急培训对象

（1）政府：政府各级相关领导、政府各级相关部门人员。

（2）企业：企业各级领导、企业专业应急救援人员、企业一般应急救援人员、企业其他人员、临时外来人员。

（3）专职应急队伍：消防队伍、医疗卫生队伍、专业工程抢险队伍。

3. 制订应急培训与教育计划

（1）需求分析。

（2）课程设计。

（3）培训与教育方式。

（4）培训与教育计划。

4. 应急培训与教育实施

培训与教育者应按照制订的培训与教育计划，认真组织，精心安排，合理安排时间，充分利用不同方式开展安全生产应急培训与教育工作，使参与培训与教育的人员能够在良好的培训氛围中学习、掌握有关应急知识。

5. 应急培训与教育效果评价和改进

应急培训与教育完成后，应尽可能进行考核。考核方式可以是考试、口头提问、实际操作等，以便对培训与教育效果进行评价，确保达到预期的培训与教育目的。通过和培训与教育人员交流、考核情况等，如果发现培训与教育中存在问题，如培训与教育内容不合适、课时安排不恰当、培训与教育方式须改进等，培训者要认真进行总结，采取措施避免这些问题在以后的培训与教育工作中再次发生，以提高培训与教育工作质量，真正达到应急培训与教育的目的。

第三节　应急行动

一、应急响应

（一）应急响应基本任务

事故应急救援工作是在预防为主的前提下，贯彻统一指挥、分级负责、区域为主、单位自救和社会救援相结合的原则。除了平时做好事故预防工作，避免和减少事故的发生外，还要落实好救援工作的各项准备措施，确保一旦发生事故能及时进行响应。重大事故发生的突然性、发生后的迅速扩散性以及波及范围广的特点，决定了应急响应行动必须迅速、准确、有序和有效。

事故应急响应的基本任务如下：

1. 控制危险源。及时有效地控制造成事故的危险源是事故应急响应的首要任务。只有控制了危险源，防止事故的进一步扩大和发展，才能及时有效地实施救援行动。特别是发生在城市或人口稠密地区的化学事故，应及时控制事故继续扩展。

2. 抢救受害人员。抢救受害人员是事故应急响应的重要任务。在响应行动中，及时、有序、科学地实施现场抢救和安全转送伤员对挽救受害人的生命、稳定病情、降低伤残率以及减轻受害人的痛苦等具有重要意义。

3. 指导群众防护，组织群众撤离。由于重大事故发生的突然性、发生后的迅速扩散性以及波及范围广、危害大的特点，应及时指导和组织群众采取各种措施进行自身防护并迅速撤离危险区域或可能发生危险的区域。在撤离过程中积极开展群众自救与互救工作。

4. 清理现场，消除危害后果。对事故造成的对人体、土壤、水源、空气的危害，迅速采取封闭、隔离、洗消等措施；对事故外溢的有毒有害物质和可能对人与环境继续造成危害的物质，应及时组织人员进行清除；对危险化学品造成的危害进行监测与监控，并采取适当的措施，直至符合国家环境保护标准。

除此以外，事故应急响应过程中还应了解发生原因和事故性质，准确估算事故影响范围和危险程度，查明人员伤亡情况，为开展好事故调查奠定基础。

（二）应急响应实施

1. 事故报警

事故报警的及时与准确是及时实施应急救援的关键。发生事故的单位，除了积极组织自救外，必须及时将事故向有关部门报告。对于重特大事故，以及不能及时控制的事故，应尽早争取社会救援，以便尽快控制事态的发展。

2. 应急响应行动的过程

（1）接报

接报指接到执行救援的指示或要求救援的请求报告。接报是救援工作的第一步，对成功实施救援起到重要的作用。

接报人一般应由总值班担任，接报人应做好以下几项工作：

①问清报告人姓名、单位部门和联系电话。

②问明事故发生的时间、地点、事故单位、事故原因、主要毒物、事故性质（毒物外溢、爆炸、燃烧）、危害波及范围和程度、对救援的要求，同时做好电话记录。

③按应急救援程序，派出救援队伍。

④向上级有关部门报告。

⑤保持与应急救援队伍的联系，并关注事故发展状况，必要时派出后继梯队予以增援。

（2）设点

设点指各救援队伍进入事故现场，选择有利地形（地点）设置现场救援指挥部或救援、急救医疗点。

各救援点的位置选择关系到能否有序地开展救援和保护自身的安全。救援指挥部、救援和医疗急救点的设置应考虑以下几项因素：

①地点：应选在上风向的非污染区域，须注意不要远离事故现场，以便于指挥和救援工作的实施。

②位置：各救援队伍应尽可能在靠近现场救援指挥部的地方设点并随时保持与指挥部的联系。

③路段：应选择交通路口，利于救援人员或转送伤员的车辆通行。

④条件：指挥部、救援或急救医疗点，可设在室内或室外，以便于人员行动或伤员的抢救，同时要尽可能利用原有通信、水和电等资源，有利于救援工作的实施。

⑤标志：指挥部、救援或医疗急救点，均应设置醒目的标志，方便救援人员和伤员识别。悬挂的旗帜应用轻质面料制作，以便救援人员随时掌握现场风向。

（3）报到

报到是指各救援队伍进入救援现场后，向现场指挥部报到。其目的是接受任务，了解现场情况，便于统一实施救援工作。

（4）救援

进入现场的救援队伍要尽快按照各自的职责和任务开展工作。

①现场救援指挥部应尽快地开通通信网络，迅速查明事故原因和危害程度，制订救援方案，组织指挥救援行动。

②侦检队应快速鉴定危险源的性质及危害程度，测定出事故的危害区域，提供有关数据。

③工程救援队应尽快控制危险，将伤员救离危险区域，协助组织群众撤离和疏散，做好毒物的清消工作。

④现场急救医疗队应尽快将伤员就地简易分类，按类别进行急救和做好安全转送。同时应对救援人员进行医学监护，并为现场救援指挥部提供医学咨询。

（5）撤点

撤点指应急救援工作结束后，离开现场或救援后的临时性转移。在救援行动中应随时注意气象和事故发展的变化，一旦发现所处的区域有危险，应立即向安全区转移。在转移过程中应注意安全，保持与救援指挥部和各救援队的联系。救援工作结束后，各救援队撤离现场以前应取得现场救援指挥部的同意。撤离前要做好现场的清理工作，并注意安全。

（6）总结

每一次执行救援任务后都应做好救援小结，总结经验与教训，积累资料，以利再战。

3. 应急响应工作中须注意的有关事项

（1）救援人员的安全防护

救援人员在救援行动中应佩戴好防护装置，并随时注意事故的发展变化，做好自身防护。

（2）救援人员进入污染区注意事项

进入污染区前，必须戴好防毒面罩和穿好防护服；执行救援任务时，应以 2~3 人为一组，集体行动，互相照应；带好通信联系工具，随时保持通信联系。

（3）工程救援中注意事项

①工程救援队在抢险过程中，尽可能地和单位的自救队或技术人员协同作战，以便熟悉现场情况和生产工艺，有利救援工作的实施。

②在营救伤员、转移危险物品和化学泄漏物的清消处理中，与公安、消防和医疗急救等专业队伍协调行动，互相配合，提高救援的效率。

③救援所用的工具具备防爆功能。

（4）现场医疗急救中须注意问题

①重大事故造成的人员伤害具有突发性、群体性、特殊性和紧迫性，现场医务力量和急救的药品、器材相对不足，应合理使用有限的卫生资源，在保证重点伤员得到有效救治的基础上，兼顾到一般伤员的处理。在急救方法上可对群体性伤员实行简易分类后的急救处理，即由经验丰富的医生负责对伤员的伤情进行综合评判，按轻、中、重简易分类，对分类后的伤员除了标上醒目的分类识别标志外，在急救措施上按照先重后轻的治疗原则，实行共性处理和个性处理相结合的救治方法；在急救顺序上，应优先处理能够获得最大医疗效果的伤病员。

②注意保护伤员的眼睛。

③对救治后的伤员实行一人一卡，将处理意见记录在卡上，并别在伤员胸前，以便做好交接，有利伤员的进一步转诊救治。

④合理调用救护车辆。在现场医疗急救过程中，常有因伤员多而车辆不够用的情况，因此，合理调用车辆迅速转送伤员也是一项重要的工作。在救护车辆不足的情况下，危重伤员可以在医务人员的监护下，由监护型救护车护送；中度伤员实行几人合用一辆车；轻伤员可商调公交车或卡车集体护送。

⑤合理选送医院。伤员转送过程中，实行就近转送医院的原则。但在医院的选配上，应根据伤员的人数和伤情以及医院医疗特点和救治能力，有针对性地合理调配，特别要注意避免危重伤员的多次转院。

⑥妥善处理好伤员的污染衣物。及时清除伤员身上的污染衣物，还须对清除下来的污染衣物集中妥善处理，防止发生继发性损害。

⑦统计工作。统计工作是现场医疗急救的一项重要内容，特别是在忙乱的急救现场，更应注意统计数据的准确性和可靠性，也为日后总结和分析积累可靠的数据。

（5）组织和指挥群众撤离现场

在组织和指挥群众撤离现场的过程中要注意：

①在组织和指导群众做好个人防护后，再撤离危险区域。发生事故后，应立即组织和指导污染区的群众就地取材，采用简易有效的防护措施保护自己。如用透明的塑料薄膜袋在口、鼻处挖出孔口套在头部，用毛巾或布条扎住颈部，用湿毛巾或布料捂住口、鼻，同时用雨衣、塑料布、毯子或大衣等物，把暴露的皮肤保护起来免受伤害，并快速转移至安全区域。也可就近进入民防地下工事，关闭防护门，防止事故的伤害。

②防止继发伤害。组织群众撤离危险区域时，应选择安全的撤离路线，避免横穿危险区域。进入安全区后，尽快去除污染衣物，防止继发性伤害。

③发扬互助互救的精神。发扬群众性的互帮互助和自救互救精神，帮助同伴一起撤离，互助互救对做好救援工作、减少人员伤亡起到重要作用。

二、应急响应管理

目前，我国政府对应急响应管理领域的信息化建设工作高度重视，有效提高了应急响应信息管理的水平。

（一）应急响应信息管理概述

1. 应急响应信息的类型和特征

非常规突发事件应急响应过程涉及不同行政区域多级政府和不同部门的应急响应相关信息和数据，对应急响应过程涉及的信息和数据进行有效管理是开展应急行动方案制订决策过程的重要依据。

通常，应急响应信息包括以下类型：

（1）基础信息：开展应急响应管理区域的社会经济信息、人口统计信息、安全分区信息、地震地质信息、气象水文信息、土地信息、环保信息、矿业信息、主要森林信息等。

（2）重大危险源信息：开展应急响应管理区域的重大危险源的名称、危险源描述、危险品类别、危险等级、所在位置、所属单位、安全责任人、联系电话、影响范围、可能的灾害形式等。

（3）重点防护目标信息：国家级重要部门、国家骨干管网、核设施、战略物资储备基地、机场、港口等。

（4）突发事件信息：突发事件的实时态势信息以及区域内发生的突发事件的历史记录信息等。

（5）应急管理单位和人员的信息：开展应急管理区域内的相关应急响应管理责任单位、应急指挥机构、应急响应工作参与单位以及各单位人员信息。

（6）应急资源信息：应急响应过程中能够动用的人力、物资、装备、财务、应急避难场所和应急指挥场所信息。

（7）应急预案信息：开展应急响应管理区域编制的文本预案及其数字预案信息。文本预案数据描述了预案名称、预案类别、预案级别、版本号、主题词、发布时间、发布单位、预案内容等。数字预案是把文本预案的内容分解为多个组成要素，并对各组成要素进行形式化建模，从而对应急预案进行存储，能够很好地与应急响应数据信息进行关联。

（8）应急管理过程信息：应急响应过程中的监测和监控数据、事件接报与处置信息、预测与预警信息、指挥与调度信息和对外发布的突发事件信息等。

（9）应急管理案例信息：各类突发事件应急管理过程的典型案例信息。

（10）地理信息：开展应急响应管理区域的行政区划等，其承载形式有数字画线图、航空航天影像图、数字高程模型数据和地名数据等。

应急响应信息管理过程涉及对以上各类型信息的合理组织和科学管理。同时，不同类型的应急响应信息具有不同的特征和属性，对如何开展非常规突发事件应急响应信息管理提出了挑战。

首先，非常规突发事件应急响应信息涉及参与应急响应工作的不同单位，按照我国应急管理的行政体系，应急响应信息具有明显的层次性特征，信息覆盖的范围不同，信息的抽象程度不同，在应急响应管理过程中要充分考虑各用户单位对应急响应信息的多方面需求。

其次，非常规突发事件应急响应信息覆盖与应急响应管理业务相关的所有领域，面向突发事件应急响应管理的全过程，涉及的范围十分广泛，导致应急响应信息管理的工作量大、难度高。

最后，非常规突发事件应急响应信息由地理上分布的不同单位进行管理，各单位应急响应信息的格式和表达方式不同，是一种典型的异构信息，对应急响应信息的采集、共享和管理提出了挑战。

2.应急响应信息管理的概念和内涵

应急响应信息管理的根本目标是对开展应急响应管理区域内的不同层级的政府和单位的多种类型的应急响应相关信息和数据进行科学的管理，从而支持应急响应管理业务的高效开展。根据以上分析，本部分给出应急响应信息管理的定义和概念。

应急响应信息管理是针对开展应急响应管理区域内的不同类型的突发事件应急响应管理的整个过程，有效采集、存储、处理和传输应急响应管理业务相关数据和信息的管理过程，能够利用信息化手段支持区域内各单位应急响应管理人员高效开展应急响应管理业务。

以上关于应急响应信息管理的定义包括多个方面的含义：

首先，应急响应信息管理过程需要满足参与应急响应过程的不同层次的单位开展应急响应管理业务的信息需求，并支持其信息沟通关系。应急响应管理信息系统应定位为区域内多个不同层级单位开展应急响应管理业务的工作平台。

其次，应急响应信息管理应面向开展应急响应管理的区域内的所有风险和多种类型的突发事件，是一个综合性的信息管理过程，管理对象是区域内所有用户单位开展的与应急响应管理业务过程相关的信息和数据。

最后，应急响应信息管理应面向应急响应管理的整个过程，信息的采集、存储、处理和传输活动发生在非常规突发事件应急响应管理的整个过程，重点是为有效开展应急决策工作提供信息和数据支撑，从而支持应急响应活动的有效开展。

（二）应急平台

应急平台，也称应急响应管理平台或应急指挥平台，是开展非常规突发事件应急响应管理工作的支撑环境，能够提高应急响应管理工作的信息化水平，是开展应急响应信息管理工作的有效手段。

1.应急平台的概念及其组成要素

应急平台是为满足应急管理单位开展应急管理工作的业务需求，以计算机和通信技术为支撑，按照突发事件的应急管理理论与方法搭建的一种集监测监控、预测预警、应急指挥、决策支持和资源管理等于一体的信息平台，能够高效支持该单位应急管理人员开展应急管理相关业务。

应急平台系统具体组成要素如下。

（1）基础支撑系统：应急通信、计算机网络、数据共享与交换、视频会议、图像接入。

（2）数据库系统：基础信息库、地理信息库、事件信息库、模型库、预案库、知识库、案例库以及文档库等。

（3）综合应用系统：综合业务管理、风险隐患监测防控、预测预警、智能辅助方案、指挥调度、应急保障、应急评估和模拟演练等模块。同时，根据应急响应管理业务的实际需要，综合应用系统包含其中的一个或多个模块。

（4）具有多种展现方式的信息接报发布系统。

（5）安全保障体系和应急响应管理体系。

（6）应急指挥场所：该单位应急管理人员集中开展应急管理业务的主要地点。

（7）移动应急平台：提供在应急指挥场所（大厅）以外的场所进行现场指挥、调度、决策的保障环境。

2. 应急平台体系结构

按照我国应急管理的行政体系和应急平台建设规划，我国应急平台体系结构包括国家应急平台、省级政府应急平台、市（州）政府应急平台以及不同层级政府直属部门应急平台和社会相关单位应急平台。

3. 应急平台的特征和作用

目前，我国应急平台体系的建设工作正按照自上而下的方式稳步推进，并且制订了相关应急平台建设指导方案，为各级政府及其相关直属部门的应急平台建设工作提供了依据。同时，应急平台的建设对增强我国各级政府应急管理能力和提高应急管理信息化水平具有重要意义。本部分对应急平台的特征及其作用展开分析，能够深化对应急平台的认识，并用以指导当前应急平台建设工作。

应急平台的特征和作用具体如下：

（1）面向本单位应急响应管理职责内的所有突发事件，特别是非常规突发事件

我国应急平台体系中的各级政府应急平台是一种典型的区域应急平台，应面向开展应急管理区域内的所有类型突发事件和风险，是一种综合性的应急管理平台。各级政府相关职能部门应急平台是一种专业性的应急平台，应面向本部门应急响应管理职责内或需要该部门参与的所有类型突发事件的应急管理工作。同时，非常规突发事件涉及多个同时发生且相互耦合的突发事件，其应急响应过程涉及我国应急管理行政体系中的多级政府及其相关职能部门，需要我国应急平台体系中多级政府和多个职能部门的应急平台同时运行和相互合作，共同支持非常规突发事件应急响应过程的开展。

（2）全面支持多层次用户的应急响应管理工作全过程

我国应急平台体系构成了我国应急管理行政体系中各级政府及其职能部门开展应急

管理业务的主要载体。应急平台的使用过程贯穿突发事件的全生命周期，并满足不同阶段应急管理工作的要求，主要包括预防与应急准备、预测与预警、应急响应和事件恢复等。同时，应急平台应支持参与应急响应管理工作的相关单位中不同层次的管理人员，按照应急平台确定的系统处理流程开展应急管理业务工作，从而规范应急响应管理业务开展过程，提高应急工作的效率。

（3）多个独立模块协同应用，重点支撑应急决策过程的开展

在整个应急响应过程中，应急平台发挥着非常关键的纽带作用，它包括多个相互独立且协同运行的模块，共同支持应急响应工作的开展。应急响应过程涉及的相关数据和信息的收集、整理、分析和决策都在应急平台的架构下进行，并对应急响应过程涉及的不同类型的信息进行分类管理，包括基础信息、应急资源信息、应急组织机构信息、应急态势信息和空间地理信息等。同时，应急平台能够为我国应急管理行政体系中不同类型和不同层次的用户提供特定的应急管理信息，满足其应急管理活动的不同要求。因此，应急平台能够对不同层级的应急管理人员解决不同类型的决策问题提供数据支撑和依据，从而有效支持应急决策过程的开展。

（4）利用信息化手段有效整合区域内应急资源，实现应急响应管理信息共享

应急响应管理过程涉及不同单位的应急资源，建立统一的应急平台体系，能够按照"物理分散，信息集成"的方式，通过设计统一的应急资源数据库，实现应急资源信息的统一管理，有效整合区域内所有单位的应急资源，提高应急管理相关人员实施和开展应急响应管理业务活动的水平。

根据以上分析，通过建设应急平台，能够有效管理应急响应过程涉及的相关信息，利用信息化手段促进信息的采集、处理、加工和共享等工作的开展，从而加快应急响应管理过程中的信息沟通和处理，有效提高应急响应工作的效率。同时，应急平台是我国应急响应管理行政体系中不同层次的应急管理人员进行有效的信息交流与沟通的纽带，使得不同层次的应急管理人员相互合作，共同应对突发事件，从而增强了应急响应过程的协调性。

三、事故应急处置现场控制与安排

（一）事故现场控制与安排应遵循的基本原则

1. 快速反应的原则

无论是火灾、爆炸还是有毒物质泄漏事故都会对人民群众的生命和财产安全以及正常

的社会秩序构成严重威胁。而且事故所具有的突发性等特点，决定了在现场处置过程中任何时间上的延误都有可能加大应急处置工作的难度，造成事故的损失扩大，引发更为严重的后果。因此，在应急处置过程中必须坚持做到快速反应，力争在最短的时间内到达现场、控制事态、减少损失，以最高的效率与最快的速度救助受害人，并为尽快恢复正常的工作秩序、社会秩序和生活秩序创造条件。

事故发生之后，现场处置并没有一个固定的模式，一方面要遵循事故处置的一般原则，另一方面需要根据事故的性质与所影响的范围灵活掌握、灵活处理。有的事故在爆发的瞬间就已结束，没有继续蔓延的条件，但大多数事故在救援和处置过程中可能还会继续蔓延扩大，如果处置不及时，很可能带来灾难性的后果甚至引发其他事故。事故现场控制的作用，首先体现在防止事故继续蔓延扩大方面。因此，必须在第一时间内做出反应，以最快的速度和最高的效率进行现场控制。因此，快速反应原则是事故应急处置中的首要原则。

2. 救援原则

事故发生后会产生数量和范围不确定的受害者。受害者的范围不仅包括事故中的直接受害人，还包括直接受害人的亲属、朋友以及周围其他利益相关的人员。受害人所需要的救助往往是多方面的，这不仅体现在生理上，很多时候也体现在心理和精神层面上。例如，火灾、爆炸和恐怖袭击等灾难性事故的现场往往会有大量的伤亡人员（直接受害者），他们会在生理和心理上承受着双重打击；同时，事故的幸存者和亲历者虽然没有明显的心理创伤，但也会产生各种各样的负面心理反应。因此，事故应急处置的部门和人员在进行现场控制的同时应立即展开对受害者的救助，及时抢救护送危重伤员，救援受困群众，妥善安置死亡人员，安抚在精神与心理上受到严重冲击的受害人。

3. 人员疏散原则

在大多数事故应急处置的现场控制与安排中，把处于危险境地的受害者尽快疏散到安全地带，避免出现更大伤亡的灾难性后果，是一项极其重要的工作。在很多伤亡惨重的事故中，没有及时进行人员安全疏散是造成群死群伤的主要原因。

无论是自然灾害还是人为的事故，或者其他类型的事故，在决定是否疏散人员的过程中，需要考虑的因素一般有：

（1）是否可能对群众的生命和健康造成危害，特别是要考虑到是否存在潜在危险性。

（2）事故的危害范围是否会扩大或者蔓延。

（3）是否会对环境造成破坏性的影响。

4. 保护现场原则

按照一般的程序,事故应急处置工作结束之后,或在应急处置过程的适当时机,调查工作就需要介入,以分析事故的原因与性质,发现、收集有关的证据,确定事故的责任者。现场处置工作中所采取的一切措施都要有利于日后对事故的调查。在实践中容易出现的问题是应急人员的注意力都集中在救助伤亡人员,或防止灾难的蔓延扩大上,而忽略了对现场与证据的保护,结果在事后发现其中有犯罪嫌疑需要搜集证据时,现场已遭到破坏,给调查工作带来被动。因此,必须在进行现场控制的整个过程中,把保护现场作为工作原则贯彻始终。虽然对事故的应急处置与调查处理是不同的环节与过程,但在实际工作中没有明确的界限,不能把两者截然分开。

5. 保护应急救援人员安全原则

从理性的角度考虑,在事故的应急处置过程中,应当明确的一个基本目标是保证所有人的安全,既包括受害人和潜在的受害人,也包括应急处置的参与人员,而且首先要保证应急参与人员的安全,不能为了执行一个不负责任的命令而牺牲无辜的应急人员的安全。现场的应急指挥人员在指导思想上也应当充分地权衡各种利弊得失,尽可能使现场应急的决策科学化与最优化,避免付出不必要的牺牲和代价。

(二)现场控制的基本方法

在事故现场处置过程中,对现场的控制是必不可少的,需要做出一系列的应急安排,其目的是防止事故的进一步蔓延扩大,使人员伤亡与财产损失降低到最低限度。但由于事故发生的时间、环境和地点不同,其现场也有不同的环境与特点,所需要的控制手段及应急资源也不相同。这些差别决定了在不同的事故现场应该采取不同的控制方法。事故现场控制的一般方法可分为以下几种。

1. 警戒线控制法

警戒线控制法是指由参加现场处置工作的人员对需要保护的重大或者特别重大的事故现场站岗警戒,防止非应急处置人员与其他无关人员随意进出现场,干扰应急处置工作正常进行的特别保护方法。在重特大事故现场或其他相关场所,根据事故的性质、规模、特点等不同情况或需要,应安排公安机关的警察、保安人员或企业事业单位的保卫人员等应急参与人员实施警戒保护。对于范围较大的事故现场,应从其核心现场开始,向外设置多层警戒线。

在事故现场设置警戒线,一方面是为了保证处置工作的顺利进行,使应急人员在心理上有一种安全感,同时避免外来的未知因素对现场的安全构成威胁;另一方面也可以避免现场可能存在的各种危险源危及周围无关人员的安全。在警戒线的设置范围上，应坚持宜大不宜小，保留必要的警戒冗余度以阻止现场内外人、物、信息的大规模无序流动。在实践中，各国普遍的做法是设置两层以上的警戒线，由内向外、由高密度向低密度布置警戒人员。这种警戒线表面上是虚设的，但是，这种虚设的警戒线至少在心理上可以让处置人员产生一种安全感，从而高效地投入救援工作。警戒线的设立也可以使大部分外部人员或围观群众自觉远离事故现场，从而为应急处置创造一个较好的外部环境。

2. 区域控制法

在有些事故的应急处置过程中，可能点多面广，需要处置的问题比较多，处置工作必然存在优先安排的顺序问题；也可能由于环境等因素的影响，需要对某些局部区域采取不同的控制措施，控制进入现场的人员数量。区域控制建立在现场概览的基础上，即在不破坏现场的前提下，在现场外围对整个事故发生环境进行总体观察，确定重点区域、重点地带、危险区域和危险地带。现场区域控制遵循的原则是：先重点区域，后一般区域；先危险区域，后安全区域；先外围区域，后中心区域。具体实施区域控制时，一般应当在现场专业处置人员的指导下进行，由事发单位或事发地的公安机关指派专门人员具体实施。

3. 遮盖控制法

遮盖控制法实际上是保护现场与现场证据的一种方法。在事故的处置现场，有些物证的时效性要求往往比较高，天气因素的变化可能会影响取证和检材的真实性；有时由于现场比较复杂，破坏比较严重，再加上应急处置人员不足，不能立即对现场进行勘查、处置，因此需要用其他物品对重要现场、重要物证和重要区域进行遮盖，以利于后续工作的开展。遮盖物一般多采用干净的塑料布、帆布和草席等物品，起到防风、防雨、防日晒以及防止无关人员随意触动的作用。应当注意的是，除非万不得已，一般尽量不要使用遮盖控制法，防止遮盖物沾染某些微量物证或检材，影响取证以及后续的化学物理分析结果。

4. 以物围圈控制法

为了维持现场处置的正常秩序，防止现场重要物证被破坏以及危害扩大，可以用其他物体对现场中心地带周围进行围圈。一般来讲，可以使用一些不污染环境、阻燃隔爆的物体。如果现场比较复杂，还可以采用分区域和分地段的方式进行。

5. 定位控制法

有些事故现场由于死伤人员较多，物体变动较大，物证分布范围较广，采取上述几种现场控制方法可能会给事发地的正常生活和工作秩序带来一定的负面影响，这就需要对现场特定死伤人员、特定物体、特定物证、特定方位和特定建筑等采取定点标注的控制方法，使现场处置有关人员对整体事件现场能够一目了然，做到定量和定性相结合，有利于下一步工作的开展。定位控制一般可以根据现场大小和破坏程度等情况，首先按区域和方位对现场进行区域划分，可以有形划分，也可以无形划分，如长条形、矩形、圆形和螺旋形等形式；然后，每一划分区域指派若干现场处置人员，用色彩鲜艳的小旗对死伤人员、重要物体、重要物证和重要痕迹进行定点标注；最后，根据现场应急处置的需要，在此基础上开展下一步的工作。

（三）现场状态与情境的评估

1. 评估事故的控制

重特大事故发生后，往往提供的信息不充分或信息随时发生变化，这决定了在进行应急处置工作时，首先要对面临的现场情况进行评估，而对事故性质的判断又是最重要的，因为不同性质事故的应急处置要求有不同的侧重点。例如，在对有爆炸发生的事件进行现场控制时，要对现场进行评估，判明这是意外事故，还是人为破坏。如果是人为破坏，就需要在处置时对现场进行仔细勘查，注意发现和搜集证据。在评估中，要注意根据事故发生的原因、时间、地点、所针对的人群和所采取的手段等因素来判明事故性质，以便更有针对性地开展处置工作。

2. 现场潜在危害的监测

多数事故的处置现场可能会存在各种潜在危险，事故会随时二次爆发，造成事态的蔓延和扩大，导致危害加剧，并对应急处置人员的安全构成一定的威胁。因此，在进行应急处置时，必须对现场潜在的危害进行实时监测和评估，避免二次事故的发生。例如，在爆炸事故中，由于现场可能存在未爆炸的危险物质，对这些物质的处置决定了处置工作的最终效果。一般应通过搬运、冷却等方法防止其发生爆炸。对无法搬走的危险物品，除采取必要的措施进行保护外，还必须安排有经验的人员对其进行实时监控，一旦发现爆炸征兆，应及时通知所有人员撤离。

3. 现场情境与所需的应急资源

事故应急处置工作头绪多、任务重，而且是在非常紧急的情况下开展的，因此稍有不慎就会造成更大的损失。其中现场情境与应急资源是否匹配，是决定应急处置工作能否取得成功的重要因素之一。应急资源不足，可能会造成对现场的控制不力，导致损失扩大；及时组织足够的应急资源、参与现场处置，是保证处置工作顺利进行的基础；但动用过多的应急资源，也可能造成不必要的浪费。通过对现场情境以及处置难度的评估分析，及时合理地采取各种措施，调动相应的人力资源和物质资源参与现场处置，是应急处置快速、有效应对的重要保证。在实践中，无论最终需要组织多少应急资源，都应特别强调第一出动力量的重要性。有力的第一出动力量可以在处置之初有效控制事态。如果第一出动力量不足，再调集其他力量增援，则可能失去应急的最佳时机。值得注意的是，由于事件的性质和特点不同，其难度和处置所需的处置力量也不尽相同。

4. 人员伤亡的情况评估

人员伤亡情况不仅决定着事故的规模与性质，而且也是安排现场救护主要考虑的因素。

在我国突发公共事件的报告制度中，人员伤亡情况是决定事故报告的时间期限、反应级别的重要指标。当人员伤亡的数量超出地方政府的反应能力时，必须及时请求上一级政府应急资源的支持。应急处置现场对人员伤亡情况的评估包括：确定伤亡人数及种类、伤员主要的伤情、需要采取的措施及需要投入的医疗资源。在事故刚刚发生时，估计人员伤亡的情况一般应以事发时可能在现场的人数作为评估的基准，根据事故的严重程度分析人员伤亡的大致情况。根据应急管理的适度反应原则，对人员伤亡的情况评估应尽量实事求是。如果估计过重，不仅会造成资源的浪费，而且会加重事故对社会心理的冲击，反之，则可能由于报告不及时、反应不足而错失救援的良机。在现场医疗救护中，对于已经死亡的人员，要妥善保存和安置遗体，尽可能收集相关证物和遗物，为善后工作和调查工作提供有利条件。对于受伤人员首先应将其运送出危险区域，随后立即进行院前急救。依据受害者的伤病情况，按轻伤、中度伤、重伤和死亡进行分类，分别以伤病卡做出标志，置于伤病员的左胸部或其他明显部位。这种分类将便于医疗救护人员辨认并采取相应的急救措施，在紧急情况下根据需要把有限的医疗资源运用到最需要的人群身上。

5. 经济损失的估计与可能造成的社会影响

在应急处置初期，对经济损失的估计更侧重于对事故造成的负面社会影响的估计。处置现场对经济损失的情况评估包括：直接和间接经济损失、各种财产的损失，以及事故可能带来的对经济的负面影响。但由于经济损失的估算一般需要技术人员和专业知识，现场处置人员一般只对损失进行观察、计数和登记，为日后进行专业估算提供依据。

6. 周围环境与条件的评估

一些事故在应急处置过程中依然处于积极运动期，随时可能造成新的危害，而周围环境和条件就是其再次爆发的主要因素。因此，在应急处置时必须随时注意周围环境和条件对处置工作的影响。对事发现场周围环境与条件的评估包括对空间、气象、处置工作的可用资源及特点的评估。不同类型事故现场对环境特点的把握应有不同的侧重点。例如，火灾的发展蔓延与火场的气象条件有密切的关系，但即使同是火灾，房屋建筑物火灾和森林火灾的气象特点的重要性也不相同。同样地,如果空难发生在不同的空间位置,其蔓延的可能性和处置工作中可利用的资源也不同。一般来说,设置在临海地区或海面上的机场,一旦发生事故,事故向其他区域蔓延的可能性较小,这就是由其特定的现场环境所决定的。

周围环境评估的重要性体现在可以让事故应急处置部门比较清晰地了解处置的具体条件,根据不同的空间、气象等环境条件,合理地配置和使用不同的处置资源,提高处置的效率,达到预期的效果。

(四)现场应急处置安排

1. 设置警戒线

为保证应急处置工作的顺利开展以及事后的原因调查,几乎所有的处置现场都要设立不同范围的警戒线。在事故的处置中,由于事故的规模比较大,影响范围广,人员伤亡严重,往往要根据实际情况设立多层警戒线,以满足不同层次处置工作的要求。一般而言,内围警戒线要圈定事故或事件的核心区域,根据现场的具体情况,划定事件发生和产生破坏影响的集中区域,在核心区域内一般只允许医疗救护人员、警察、消防人员、应急专家或专业的应急人员进入,并成立现场控制小组,组织开展各项控制和救助工作。内围警戒线的范围确定要考虑两个因素:现场危险源的威胁范围和与事故原因调查的相关证据散落的范围。现场可能会发生二次灾害,通过内围警戒线的设立,尽量减少处于危险范围中的人员,以降低事件的二次伤害。外围警戒线的划定以满足救援处置工作的需求为主要考虑因素,为保证安全,大量的应急救援工作是在内围警戒线之外开展的。在事故的现场,参与处置的人员可能成百上千,来自数十个不同的部门和组织,参与处置的各种车辆、设备也需要安排必要的停放位置和足够的活动空间,因此,外围警戒线是处置工作顺利开展的必要空间,无关人员,包括媒体工作人员一般不应进入此区域。在某些事故的处置中还要现场设置指挥部地。

2. 应急反应人力资源组织与协调

通过对现场情况的初步评估,应根据相关应急预案组织应急响应的人力资源。随着我国突发公共事件应急预案体系的建立,已逐渐摆脱了过去盲目反应的局面,大大避免了人力资源组织的混乱。根据应急预案,不同事故由不同的部门牵头负责,并由相关部门予以协调和支持。各个部门在处置中分工协作,具有较为明确的任务和职责。在事故发生后,由牵头部门组织各部分应急处置人员赶赴现场并开展工作,并在现场的出入通道设置引导和联络人员安排处置后续人员。各应急处置组织的带队领导应组成现场指挥部,统一协调指挥现场的应急人员与其他应急资源。在人员集结过程中,没有一定的模式,但是有一些原则值得遵循。首先，人员集结要方便应急处置工作，核心处置力量和现场急需的专业处置力量要接近现场；其次，人员集结要有序可循，不能造成混乱，人员集结的位置和规模不能对现场内外交通造成堵塞。

3. 应急物资设备的调集

应急处置需要大量的专业设备和工具。专用设备、工具与车辆一般由各专业救援队伍提供，对于一些特殊和所需数量较多而现场数量不足的设备、工具与车辆可以通过媒体向社会征募，同时也可以向有关方面请求支援。各专业部门应根据自身应急救援业务的需求，采取平战结合的原则，配备现场救援和工程抢险装备和器材，建立相应的维护、保养和调用等制度，以保障各种相关事故的抢险和救援。大型现场救援和工程抢险装备，应由政府应急办公室（或类似职能部门）与相关企业签订应急保障服务协议，采取政府资助、合同、委托等方式，每年由政府提供一定的设备维护、保养补助费用，紧急情况下政府应急办公室可代表当地政府直接调用。专用设备、工具与车辆到达现场后，应按照救援工作的优先次序安排停放位置，对于随时须投入使用的设备、车辆应停放于中心现场，对于其他辅助支援车辆应停放于离现场稍远的指定位置，以免影响现场的车辆设备调度。

4. 人员安全疏散

根据人员疏散原则，在处置现场组织及时有效的人员安全疏散，是避免大量人员伤亡的重要措施。根据疏散的时间要求、距离远近可将人员安全疏散分为临时紧急疏散和远距离疏散。

（1）临时紧急疏散

临时紧急疏散常见于火灾和爆炸等突发性事件的应急处置过程中。临时紧急疏散的最大特点在于其紧急性，如果在短时间内人员无法及时疏散，就有可能造成严重的人员伤亡。但在紧急疏散过程中，决不能一味强调疏散的速度，如果疏散过程中秩序混乱，就可能造成人群的相互拥挤和踩踏、车流的阻塞现象，甚至造成群死群伤。因此，临时紧急疏散必须兼顾疏散的速度和秩序。根据无数组织人员疏散事故的经验与教训，疏散过程的秩序应成为优先考虑的因素。由于人在紧急情况下会出现各种应激心理反应，进而采取不理智的行为，因此在进行临时紧急疏散时必须考虑处于危险之中人的心理和行为特点。

（2）远距离疏散

远距离疏散涉及的人员多、疏散距离远、疏散时间长，因此，远距离疏散必须事先进行疏散规划，通过分析危险源的性质和所发生事件的严重程度与危害范围，确定危险区域的范围，并根据区域人口统计数据，确定处于危险状态和须疏散的人员数量。结合危险区域人员的结构与分布情况、可用的疏散时间、可能提供的疏散能力、交通工具和所处的环境条件等因素，制订科学的疏散规划。一般情况下需要考虑的问题有：

①疏散人口的统计（包括危害范围扩大之后疏散人口的统计）。

②疏散地点的选择。

③疏散过程中运输方式的选择。

④疏散的出入口与运输路线的确定。

⑤被疏散人员和车辆的集结位置。

⑥疏散过程中对人员的沿途护送问题。

⑦被疏散人员的遗留财产处置问题。

⑧疏散过程所需药物、食品、饮用水的准备。

⑨庇护场所的准备。

⑩宠物的管理。

（3）人员疏散与返回的优先顺序

无论是发生何种事故，人员疏散与紧急救助均属于保护性的措施，只要有人员的疏散，特别是在需要全体撤离的情况下，就必须考虑人员疏散与返回的优先顺序。根据国外的经验与研究成果，在全体撤离疏散的情况下，其优先顺序如下：

①疏散顺序：禁止无关人员进入即将疏散撤离的地区与场所，居民与群众→工作人员中的非关键人员（包括媒体人员）→应急关键人员之外的所有人员→全部撤离。

②返回顺序：当由事故造成的危险状态结束、对人员的安全威胁解除后，需要安排被疏散的居民或群众返回社区或单位。返回也应当和疏散一样，严格遵循先后顺序：应急处置的参与人员→现场评估人员与由应急人员陪伴的媒体人员→公共设施的维修人员→居民、财产的主人以及其他有关人员→无限制出入。

5. 现场交通管制

现场交通管制是确保处置工作顺利展开的重要前提。通过实行交通管制，封闭可能影响现场处置工作的道路，开辟救援专用路线和停车场，禁止无关车辆进入现场，疏导现场围观人群，保证现场的交通快速畅通；根据情况需要和可能开设应急救援"绿色通道"，在相关道路上实行应急救援车辆优先通行；组织专业队伍，尽快恢复被毁坏的公路、交通干线、地铁、铁路、空港及有关设施，保障交通路线的畅通。必要时，可向社会进行紧急动员或征用其他部门的交通设施装备。

6. 现场治安秩序维持

事故发生后，应由当地公安机关负责现场与相关场所治安秩序的维护，为整个应急处置过程提供相关的秩序保障。在公安机关到达现场之前，负有第一反应职责的社区保安人员、企业事业单位的治安保卫人员，或在社区与单位服务的紧急救助员等应立即在现场周围设立警戒区和警戒哨，先期做好现场控制、交通管制、疏散救助群众和维护公共秩序等工作。事故发生地政府及其有关部门、社区组织也要积极发动和组织社会力量开展自救互救，主动维护秩序，以防止有人利用现场混乱之机，实施抢劫、盗窃的犯罪行为。负责组织维护现场治安秩序的公安机关，应当在现场设置的警戒线周围沿线布置警戒人员，严禁无关人员进入现场；同时应在现场周围加强巡逻，预防和制止对现场的各种破坏活动。对肇事者或其他有关的责任人员应采取必要的监控措施，防止逃逸。

7. 对信息和新闻媒介的现场管理

事故发生后，各种新闻媒介就成为现场处置与社会各方沟通的重要渠道。面对蜂拥而至的新闻采访人员，既不能听任其在处置现场进行无限制的采访，也不能简单地对其进行封堵。前者会导致对正常处置工作的干扰，甚至破坏现场证据；后者易与媒体形成对立局面，甚至导致谣言的传播。因此，在现场处置中，一定要重视对信息和新闻媒介的管理，通过在警戒线外设立新闻联络点、安排专门的新闻发言人、适时召开新闻发布会等方式处理好与媒介的公共关系，利用和引导媒介实现与社会公众、政府有关部门以及不同领域专家之间的良好沟通，以降低事故造成的社会影响。

总之，事故应急处置过程中需要做出的安排是多方面的，参与应急处置的各个部门、组织与人员应在现场指挥协调人员的指挥下，发扬协作精神，本着以人为本的指导思想，通过共同努力，将人员的伤亡、财产的损失、环境的破坏和社会心理的冲击减少到最低程度，并积极地为事后的恢复创造条件。

第四章 应急指挥与处置

第一节 应急指挥与协调

应急指挥是指挥员及其指挥机关对应急救援行动进行的特殊的组织领导活动。

一、应急组织指挥

（一）定 义

应急组织指挥是指：指挥员及其指挥机关所从事的一项主观指导活动。指挥员定下决心、实施决心的活动，使潜在的战斗力转变为现实的战斗力。

（二）要 素

1. 指挥者

指挥员和指挥机关统称指挥者。指挥者是指挥活动的主体要素，是战斗行动的筹划决策、组织计划和协调控制者。

没有指挥者就不能构成指挥活动，指挥者在指挥活动中居于主导和支配地位。

一名合格的指挥员必须具备的素质：

（1）具有系统的指挥和战术理论。

（2）具有丰富的应急救援实践经验。

（3）掌握相关的工程技术知识。

（4）掌握先进的科学决策手段，具有分析判断和科学决策能力。

2. 指挥对象

指挥对象是应急救援指挥活动的客体，是指接受指挥员指挥的下级指挥员、指挥机关以及所属力量。

指挥对象中包括下级的指挥员和指挥机关，即下级指挥者，当他对自己的部属实施指挥时，他也是指挥者，他具有主动性。

指挥者与指挥对象之间并不是单向作用过程，而是一个不断交流的过程。

3. 指挥信息

指挥信息是指保障应急救援指挥活动正常运作的各种信息。指挥信息作为应急救援指挥活动的基本要素，其质量直接制约着应急救援指挥能否顺利实施，从而对应急救援结局产生重要的影响。指挥信息包括三个方面的内容：

（1）供指挥者进行应急救援决策的各种情报信息。如：灾害对象情况、灾害燃烧情况、作战环境情况、交通道路情况、水源情况和消防队战斗力情况等。

（2）体现指挥者决心意图的各种应急救援指令。其能否准确传达直接关系到指挥效率的高低。

（3）反映应急救援行动状况的各种反馈信息，是指挥者协调控制所属队应急救援行动的依据。

4. 指挥手段

指挥手段是指挥者在应急救援指挥活动过程中运用各种指挥技术器材进行应急救援指挥的方式和方法。作为指挥者与指挥对象联系的中间媒介，指挥手段的先进与否直接关系到应急救援的效果。指挥手段包括两个方面的含义：

（1）指挥工具。包括锣、鼓、号、旗及有线通信、无线通信、GIS、GPS、以计算机为核心的指挥自动化系统等。

（2）运用指挥工具的方法。指挥者运用指挥技术达到指挥目的的方法和措施。

（三）应急救援组织指挥的任务

应急救援组织指挥的任务包括：收集信息，确定对策；调配力量，协调行动；督促下属，检查落实。

（四）应急救援组织指挥的特点

1. 命令的强制性

应急救援组织指挥各种指令都具有强迫执行而不违的强制性。应急救援组织指挥的强制性，集中在指挥员与被指挥者之间主要是命令与服从的关系。

（1）应急救援过程的危险性。

（2）众多的参战力量。

（3）全局利益和局部利益相冲突。

2. 指挥活动的时限性

时限性是应急救援指挥对时间的一种要求，即应急救援指挥活动占有时间要少，完成的指挥工作量要多，指挥效率要高。指挥者必须在一定的时限内完成指挥活动，否则就会贻误战机丧失主动。

（1）应急救援战斗的时间性要求较高。

（2）此时正确的决心，彼时可能就是错误或危险的。

3. 决策的风险性

应急救援指挥的风险性，主要是由灾害的危险性和危害性、现场情况的复杂性、险情的突发性和不确定性所决定的。

（1）正确认识指挥过程的风险性，当断则断，该决就决。

（2）实施科学的指挥，降低应急救援的风险性。

4. 技术上的复杂性

（1）应急救援工作所涉及的对象更加广泛，既有自然灾害，也有人为灾害。

（2）参加应急救援所涉及的社会救援力量多。

（3）指挥手段的先进性（GIS、GPS、ICS、辅助决策、自动化等）。

5. 决策的随机性

灾害发展过程中险情的突发性和应急救援作战计划中某些预测的不准确性，决定了应急救援组织指挥具有随机性的特点。

（五）集中指挥与分散指挥

集中指挥指在应急救援战斗中由现场最高指挥员或指挥部，根据现场态势统一确定应急救援方案，下达行动命令，将全部应急救援行动统一起来，各受领任务的下级指挥员必须协调一致地去达成总的应急救援目的。

分散指挥也称分权式指挥，是指根据现场总指挥员或指挥部的总体意图和原则性指示，现场各小组指挥员结合具体情况所进行的独立自主的组织指挥。

1. 集中指挥

优点：便于统一组织应急救援行动，形成整体合力；现场指挥员统揽应急救援全局，抓住现场的主要方面。

缺点：不利于充分发挥下属指挥员的主动性和积极性，对现场通信保障的依赖性大。

集中指挥方式一般是在灾情比较明确，到场的各种救援力量多，现场的通信联络畅通，或是在集中力量控制和消除现场主要方面的最大险情时应该采用。

2. 分散指挥

优点：使下级指挥员充分发挥各自的主动性和创造性，降低对现场通信保障的要求。

缺点：对下级指挥员组织指挥的素质和能力要求高，单独组织指挥的任务重，现场应急救援行动整体协调增加了难度。

分散指挥方式常用于现场上独立体系的专业救援队伍多、现场面积大，划分有不同的战斗段、现场上有特殊的排险任务、特殊环境中通信困难的情况下的指挥等。

3. 两者的关系

集中指挥与分散指挥是对立统一的关系。集中指挥强调现场指挥权的相对集中，而分散指挥则要求现场指挥权相对地赋予下级指挥员。

两者是相互依赖和渗透的。集中指挥离不开分散指挥，分散指挥也离不开集中指挥。

（六）逐级指挥与越级指挥

逐级指挥：指依照隶属关系逐级实施的指挥方式。

越级指挥：指在险情紧急的情况下或出现特殊险情时，现场指挥员超越一级或数级的指挥方式。

1. 逐级指挥

优点：层次清楚、分工明确、有序性强，便于发挥各级指挥职权的作用。

缺点：所占时间较长。

2. 越级指挥

优点：在现场构成快速的指挥关系，实施及时有效的指挥，减少指挥层次，节约时间，争取宝贵的时机。

缺点：越级指挥打乱了正常行使指挥职权的秩序，增加上级指挥员的工作负担。

越级指挥是现场出现紧急情况时不得已采取的组织指挥方式。

3. 两者的关系

逐级指挥和越级指挥是一般与特殊的关系。在实践中，逐级和越级指挥方式有时是需要交替使用的。一般情况下，现场组织指挥是以逐级指挥为主、越级指挥为辅。

（七）其他指挥方式

1. 属地指挥

两支以上消防队到达现场参加应急救援，而且上级指挥员未到现场时，以由着火目标对应的主管队指挥官或属地指挥官实施指挥，这种由主管消防队指挥的方式称为属地指挥。

2. 授权指挥

在灾害现场上，应急救援正在遂行过程中，上级指挥官到达现场，判定指挥过程基本符合要求，可根据现场实际情况把指挥权交给处置这类灾害经验丰富的指挥官代行指挥，或授权给属地消防指挥官指挥。

3.参与指挥

公安消防队在处置油田、化工、船舶等特殊灾害时，若消防队到场参战力量较少，公安消防队指挥官可参与现场指挥部的指挥工作，称之为参与指挥。

4."指令性"指挥与"指导性"指挥

"指令性"指挥，实际上就是"命令式"指挥。上级指挥官下达命令，下级必须坚决服从的指挥。

"指导性"指挥，就是上级只赋予下级战斗任务并说明基本意图，下级可按此意图灵活执行指挥。

无论处置什么样的灾害，指挥员都需要对应急救援行动实施组织指挥。一场应急救援战斗的成败，不仅在于兵力和灭火技术装备是否优劣，更重要的在于现场指挥员的组织指挥能力和水平高低。

（八）应急救援组织指挥的层次

按指挥层次分为：基层指挥、中层指挥和高层指挥。下面以火灾应急救援指挥为例一一进行阐述。

1.基层应急救援指挥的要求

掌握各类初期灾害发展蔓延规律，及时有效地指挥处置初期灾害。对仓库、石油化工装置等起火后扩展猛烈的现场，要具有指挥抢占控制火势的有利阵地的能力。掌握寻找、抢救被困人员生命的有效方法和途径，并且正确地部署力量。

初战的三个环节包括：部署力量；报告情况；要求增援。

初战指挥的地位、作用：根据不同等级灾害和投入的灭火力量，应由不同层次的指挥员来组织指挥应急救援行动；不同层次的指挥员，在指挥部队作战行动中的作用和对指挥能力的要求也各不相同；每一个环节的行动效果，取决于指挥员的决策水平。

凡是问题比较严重的灾害处置，往往是应急救援作战初期失利、中期失控、晚期失策。也就是说不同级别指挥员在应急救援指挥上都出了问题，没有达到预期的应急救援指挥效果，统称为"指挥失误"。

一般来说，高层指挥员在现场的指挥责任很大，能力要求很强，必须具有通观全局、把握主动、转危为安、反败为胜的指挥能力；中层指挥员及时介入指挥，敢于冲锋陷阵，善于攻坚克难，必须具有抑制火势发展、控制现场局面的能力；而基层指挥员必须判明现场情况，抓住有利战机，准确投放兵力，能战速胜、难战控制，救人第一、科学施救。

在所有灾害中，高层指挥员到场指挥的灾害处置往往约占5%，中层指挥员到场指挥处置的灾害次数约占整个灾害的10%，而基层指挥员单独指挥处置的灾害占到90%左右。

在高层和中层指挥员指挥处置的重特大灾害中，基层指挥员也担任着某一阵地或某一部位的作战指挥。

初战指挥要善抓有利战机，基层指挥员到达现场的时间比较早，对现场的情况一目了然，火情十分清楚，灾害的蔓延尚未形成规模，是处置初起灾害的最佳时机。

（1）善于准确获取现场信息

准确掌握现场信息，是为了根据火情有针对性地采取措施。当观察到火势刚开始扩大蔓延，就能确定堵截火势的有利位置；开始现场燃烧部位比较明确，就能及时确定灭火进攻的路线和方位，如从楼梯间向上攀登进攻，还是架设消防梯从阳台或窗户进攻；到达现场根据火情，基本能确定第一出动力量是否能够把火处置，或需要增援力量；因为烟火刚起不久，所以是疏散抢救人员的最好时间段，可以决定派出多少人员深入救人，通过什么途径、采用什么方法救人；因为燃烧时间不长，所以为冷却控制、抑制火势扩大提供了有利条件。

基层指挥员到达现场后，往往由于经验不足、观察不细而对火情的把握出现偏差，采取措施的针对性也必然会打折扣。值得注意的是，指挥员到达现场不要只看火势大小，切记燃烧的火焰只是一种现象，从灾害发展变化的规律来看，现场的潜在威胁往往在燃烧部位的四周。

指挥员到现场一眼望过燃烧的火势以后，应立即注意观察可能受波及或影响的部位，如受火焰烘烤的桶、罐、装置设备等有无异常迹象。

（2）善于合理投放作战力量

如果遇到小火，可立即把火处置；如见火势稍有扩大，则可组织供水，出几支水枪先予控制，然后处置。

也有一些灾害，如遇有发现晚、报警迟的灾害，可燃液体和气体初期态势就十分迅猛的灾害，化工企业相互波及、快速发展的灾害等应立即要增援。

这时初战力量处于绝对弱势，到场力量也就不能轻易地分兵出击，到处去打火，到处想控制，而要集中全部作战力量，抢占堵截火势的关键阵地，寻找抢救人员生命的有效途径，控制减少灾害危害的重要部位，形成险恶环境中的局部优势。尽管这种展开仅仅是现场的一个方面、一个部位、一个阵地甚至是一个点，但这种作战指挥意识对整个战局将产生重大的影响。

（3）要在第一时间部署救人行动

在第一时间弄清要救人员的数量及分布，快速做出第一时间救人的判断决策，果断部署第一时间救人的战术措施，及时选定第一时间救人的部位与途径，注意采用第一时间救人的方法与手段，正确选用第一时间救人的器材装备，安排联系第一时间救人的配合行动（如医疗）等。

（4）逐一询问、登记被救人员

不管用什么工具、什么器材、什么方法疏散抢救出来的人员，都要逐一询问、登记，了解被救者精神状态，检查被救者身体状况，检查有无其他问题，对受轻伤者给予治疗处理，情况严重者送医院诊治，情绪失控者予以劝导安慰，并一一留下联系方式，以便备查。

用心指挥，掌握现场主动权。应急救援行动中的现场指挥员，在指挥灾害处置的同时，随时注意判断潜在的威胁，就能避免不必要的伤亡。初战指挥员带领部队到达现场，往往是打遭遇战，虽然能看到一些火情，有些潜在的东西不一定清楚，更有必要仔细观察、冷静判断、预防不测。

化工装置起火后，一般只一个装置就不会爆炸，但相邻的装置受烘烤会出问题；开口燃烧的油罐不会爆炸，但罐顶没有完全掀开、存有死角时会爆轰。

见空气中飘浮有颜色的雾气，就要立即进行个人防护，并马上实施检测；氯气泄漏现场，必须佩戴正压式防毒面具；遇有氨气泄漏，不能麻痹大意，要防爆、防毒，保护皮肤外露部分，尤其是眼睛不受侵害，还有要穿棉裤。像这样的问题，还有很多很多，初战指挥员要多学习了解，多掌握这些规律，以有效预防潜在威胁。

展开战斗行动，注意周边环境因素有以下几点：

①要注意作战阵地的安全性。

②要考虑气象因素对应急救援行动的影响。

③要针对灾害特点因素确定所需的要求。

④要考虑地形条件对灭火工作的影响。

在处置可燃液体（罐、池）灾害，地形落差较大时，要充分考虑行动安全，要在高处部署阵地；处于低处作战的车辆，要掉头停靠在便于撤退的道路上。环境因素的影响很多，初战指挥员要认真学习，借鉴经验教训，到现场一看就能反应过来，正确做出部署。

部署水枪阵地，务必考虑安全条件：氧气瓶、液化气瓶和油桶库内部，在长时间冷却，气瓶油桶温度已经降下来，没有膨胀爆裂的可能，才能深入设水枪阵地。也就是说，现场安全是指挥员指挥的第一要务。

2. 中层应急救援指挥的要求

控制现场局面，减少灾害危害。中层指挥员需要正确运用更多的灭火战术与技术措施，例如，冷却控制、关阀断料、深入救人、突破排险、疏散物资、破拆内攻、登高堵截等。因此，中层应急救援指挥对指挥员的战术意识和指挥能力要求很高。

指挥员具有较强的组织指挥能力和协调能力，具有较高的战术素养和现代科学知识，灭火和抢险救援经验丰富，冷静沉着，坚定果断，能够在复杂的局面下做出正确判断和科学决策。

3. 高层应急救援指挥的要求

具有较强的组织指挥能力和协调能力，具有较高的战术素养和现代科学知识，灭火和抢险救援经验丰富，冷静沉着，坚定果断，能够在复杂的局面下做出正确判断和科学决策。

二、指挥原则

（一）集中统一，靠前指挥

1. 实质内涵

现场指挥员组织指挥应急救援，必须实施集中统一的指挥，协调各应急救援力量，使之步调一致地贯彻执行现场的总体决策，有效地完成应急救援任务。

现场危害大、险情急，要使组织指挥及时有效，只有尽量简化指挥程序，深入第一线，实施靠前指挥。

2. 贯彻这一原则的要求

统一指挥机构、明确指挥关系是实现集中统一指挥的前提条件。成立指挥部，灭火方案集体研究，行动命令一人发布，防止令出多门。

明确现场主要方面，统一应急救援行动方案，是实现集中统一指挥的基础。

指定指挥人员，深入一线实施直接指挥，实施不间断指挥。

（二）掌握情况，把握关键

1. 实质内涵

现场指挥员组织指挥应急救援，必须利用各种途径、方法和手段，及时了解和掌握火情、现场应急救援条件和到场的各方面救援力量，进行实事求是的分析判断，把握现场的主要方面，把组织指挥的主观指导作用建立在客观实际的基础上。

2. 贯彻这一原则的要求

及时建立和调整现场侦察小组。

透过现象看本质，把握实情。

反复侦察，保持现场情况获取的连续性。

（三）果断决策，及时部署

1. 实质内涵

指挥员组织指挥应急救援，必须根据获得的现场实际情况，分析判断现场的主要方面，运用正确的决策思维方法和辅助决策手段，及时果断地做出应急救援行动的决策，并组织实施。

2. 贯彻这一原则的要求

现场指挥员有良好的基本素质、能力和丰富的经验；掌握科学的决策方法，充分利用先进的辅助决策手段；平时注意加强应急救援作战计划制订工作。

（四）着眼全局，适时调整

1. 实质内涵

指挥员组织指挥应急救援，必须把握现场的全局，围绕着对全局具有决定意义的现场主要方面，统筹使用现场应急救援力量，部署应急救援行动，组织现场的各种保障，注意及时发现各方面可能存在的问题或薄弱环节，适时进行调整，力争在最短的时间内，以最快的速度、最小的代价处置灾害，把灾害损失限制在最低的程度。

2. 贯彻这一原则的要求

注意力放在现场主要方面，着力解决潜在的主要险情。

把握现场主要方面要随时掌握其发展和变化。

加强应急救援全过程的整体协调。

（五）持续不断，机智灵活

1. 实质内涵

指挥员要随着灾害的发展和应急救援工作的深入，连续不断地检查和指导火情的侦察、应急救援行动的准备与实施、现场通信和供水保障，根据火情的变化，机智灵活调整力量部署，使整个应急救援过程始终朝着有利于控制险情发展、充分发挥现有力量的灭火效能、最大限度地减少灾害带来的损失和人员伤亡的方向发展。

2. 贯彻这一原则的要求

要有精干的指挥班子，能保持现场组织指挥的稳定性和连续性。

现场通信联络畅通，上情下达和下情上报迅速。

各级指挥人员明确各自的任务和要求，在突发险情面前能机断行事。

三、协调原则

坚持救人第一、防止灾害扩大的原则。在保障施救人员安全的前提下，果断抢救受困人员的生命，迅速控制危险化学品事故现场，防止灾害扩大。

坚持统一领导、科学决策的原则。由现场指挥部和总指挥部根据预案要求和现场情况变化领导应急响应和应急救援，现场指挥部负责现场具体处置，重大决策由总指挥部决定。

坚持信息畅通、协同应对的原则。总指挥部、现场指挥部与救援队伍应保证实时互通信息，提高救援效率，在事故单位开展自救的同时，外部救援力量根据事故单位的需求和总指挥部的要求参与救援。

坚持保护环境、减少污染的原则。在处置中应加强对环境的保护，控制事故范围，减少对人员、大气、土壤、水体的污染。

在救援过程中，有关单位和人员应考虑妥善保护事故现场以及相关证据。任何人不得以救援为借口，故意破坏事故现场、毁灭相关证据。

四、协调与控制

现场应急指挥部负责统一指挥调度突发事件现场的应急抢险救援等工作，全面掌控现场情况。现场指挥要依据突发事件响应级别，按照"属地为主、系统指导，先到先行、有序衔接"的原则实施。

（一）现场应急指挥责任主体及指挥权交接

事发单位是应对突发事件先期处置的责任主体，承担突发事件的应对责任，对管辖范围内的突发事件负有直接指挥权、处置权。在紧急情况下，生产现场带班人员、班组长和调度人员有直接处置权和指挥权，在遇到险情或事故征兆时立即下达停产撤人命令，组织现场人员及时、有序撤离到安全地点，减少人员伤亡。

突发事件发生后，事发单位要立即启动应急预案，先期成立现场指挥部，由事发现场最高职位者担任现场指挥部指挥员，在确保安全的前提下采取有效措施组织抢救遇险人员，控制危险源、封锁危险场所、划定警戒区，杜绝盲目施救，防止事件扩大。一旦事态超出本级应急能力，且事件无法得到有效控制时，应立即向上一级单位请求实施更高级别的应急救援。

事件升级，在政府和上级应急指挥机构主要领导或更高层次领导赶到现场后，事发单位应立即向政府和上级现场应急指挥部正式移交应急指挥权，并汇报事件情况、进展、风险以及影响控制事态的关键因素和瓶颈问题。调动本单位所有应急资源，服从政府和上级现场应急指挥部的指挥，并切实做好应急处置全过程的后勤保障和生活服务工作。

类似于中石油、中石化、中海油、中储粮等总公司一级的应急响应是以突发事件的危机管控、场外指挥协调为主，侧重在资源协调、公共关系、法律及媒体应对等方面。

（二）现场指挥协调及控制内容

现场应急指挥部成立后，要设立现场应急处置工作组。根据现场应急处置工作需要，现场指挥部通常下设监测侦检组、危险源（现场）控制组、物资保障组、治安警戒组、医疗救护组、技术支持组、后勤保障组、综合协调组、新闻发布组、善后处理组等。

根据现场情况，应急指挥与现场控制主要内容如下：

1. 针对造成事故危险源的控制：主要是监测侦检、处置过程、技术措施、工程抢险，防止次生灾害发生、事态扩大等。

2. 针对受威胁的人员：主要是人员疏散、撤离，抢救伤员，转移安置群众等。

3. 针对应急资源：主要是应急装备、防护装备、检测器材及救援队伍、应急人员等资源的调度与协调。

4. 针对公众：主要是信息发布、现场警戒、交通管制等。

5. 针对应急响应机构与人员：主要是应急响应机构与人员的组织、调配、管理，信息的上传下达等综合协调。

为保证现场应急协调有序地开展工作，要注意以下几点：

（1）现场指挥部成立后，要确定相对固定的指挥场所，并及时将现场指挥部人员名单、通信方式等通知上一级应急指挥机构、现场应急处置工作组，以及相关救援力量。

（2）根据现场指挥需要，按规定配备必要的指挥设备及通信手段等，具备迅速搭建现场指挥平台的能力。原则上，要配备移动电话、便携式电脑及打印机、高音喊话器、现场图像采集及传输设备等；有条件的单位还可以配备电声警报器、车载电台、卫星电话、探照灯等专用设备。

（3）统一相关标志。现场指挥部要悬挂或喷写醒目的标志，现场总指挥和其他人员要佩戴相应袖标。

五、企地协调

按照"属地为主"原则,企业较大及以上事故现场应急处置指挥权属于地方各级人民政府。

当企业发生较大及以上事故时,现场应急指挥与协调程序如下:

1. 当事件发生在企业厂(场)内:事件初期,事发单位应立即成立现场指挥部,由事发现场最高职位者担任现场指挥部指挥员,负责事故现场先期应急处置指挥工作;当地方政府到达事故现场并成立现场指挥部后,企业现场指挥员须立即向其汇报现场情况,并移交事故现场最高指挥权,由政府主要领导担任现场指挥部总指挥;企业现场指挥员辅助政府现场总指挥,指挥、协调企业所属队伍开展现场应急处置工作。

2. 当事件发生在或波及企业厂(场)外:事故初期,事发单位应立即向地方政府报告,由政府成立现场指挥部,指定或派出现场指挥部总指挥;当事发单位到达事件现场,在向政府现场指挥报到后并入政府现场指挥部,接受其指挥;由现场最高职位者担任企业现场指挥部指挥员,按上级单位应急指挥中心和现场指挥部指令,指挥、协调企业所属队伍开展现场应急处置工作;当上级单位领导到达事故现场后,事发单位现场指挥员须立即向其汇报现场情况,并移交指挥权。

3. 当到达现场的政府领导或上级单位领导授权后,现场指挥员继续行使指挥权力,承担现场应急处置指挥职责。

4. 当现场指挥丧失指挥能力或响应升级到上一级时,须重新组建现场指挥部,上级单位应急指挥中心指定或派出人员担任企业现场指挥部指挥,重新建立指挥体系。

第二节 应急处置技术

一、泄漏应急处置

发生泄漏事故,要迅速采取有效措施消除或减少泄漏的危害。应急处置的首要行动:迅速撤离泄漏污染区人员至安全区,并进行隔离,严格限制出入。切断火源,尽可能切断泄漏源。

处理泄漏应从以下六方面考虑:

1. 临时设置现场警戒范围。易燃、可燃液体大量泄漏时,要组织人员进行现场警戒,无关人员不得出入,制止一切点火源。如果火灾爆炸危险性较大,立即向消防队报警并要求派消防车监护,消防车辆的阻火器必须完好。

2. 禁止与各种明火接触,防止着火。

3. 堵漏。一旦发现泄漏,要立即查明泄漏点,根据泄漏的物料、部位、形式及程度,采取具体措施制止泄漏,减少泄漏量。应急处理人员戴自给正压式呼吸器,穿防静电工作服。经常采用的堵漏方法有:关闭断气法、注水升液法、手钳夹管法、卡箍夹管法、用物堵塞法、冻结制漏法、法兰加垫法、罐口加盖法、泄气减压法。如果在堵漏时需要动火,按特殊动火对待。

4. 转移回收。在保证安全的前提下,运用适当器具对泄漏物进行回收。小量泄漏:用矿土、蛭石或其他惰性材料吸收,或在保证安全情况下,就地焚烧。大量泄漏:构筑围堤或挖坑收容用泡沫覆盖,降低蒸气灾害。回收跑漏物料时,要注意:提前准备好用于回收的器材(如槽车、桶、泵等);用泵进行回收时,电气部分必须用防爆型或用气动等不产生火花的泵或专用收集器,回收或运至废物处理场所处置,槽车要加装车用阻火器;回收时,注意蒸气扩散,加强气体检测。

5. 紧急停车。如果泄漏危及整个装置,视具体情况还可以采取紧急停车措施,如停止反应,把物料退出装置区,送至罐区或火炬。

6. 疏散有关人员,隔离泄漏区。疏散人员的多少和隔离泄漏区的大小,要根据泄漏量和泄漏物具体特性而定。启动音响报警器报警,向气防部门、厂调度部门(生产科)汇报,通知邻近车间或工厂的岗位人员以及附近的居民撤离至安全地点。可燃气体泄漏在人员疏散时,要考虑泄漏物扩散的区域浓度(爆炸极限范围),又要考虑爆炸产生的冲击力对建筑物可能带来的危害。未受污染的房间要立即关闭门窗。

二、灼伤应急处置

(一)化学性皮肤烧伤

化学性皮肤烧伤的现场处理方法是,立即移离现场,迅速脱去被化学物沾污的衣裤、鞋袜等。

1. 无论酸、碱或其他化学物烧伤,立即用大量流动自来水或清水冲洗创面15～30min。

2. 新鲜创面上不要任意涂上油膏或红药水,不用脏布包裹。

3. 黄磷烧伤时应用大量水冲洗、浸泡或用多层湿布覆盖创面。

4. 烧伤病人应及时送医院。

5. 烧伤的同时，往往合并骨折、出血等外伤，在现场也应及时处理。

（二）化学性眼烧伤

1. 迅速在现场用流动清水冲洗，千万不要未经冲洗处理而急于送医院。

2. 冲洗时眼皮一定要掰开。

3. 如无冲洗设备，也可把头部埋入清洁盆水中，把眼皮掰开，眼球来回转动洗涤。

4. 电石、生石灰（氧化钙）颗粒溅入眼内，应先用蘸石蜡油或植物油的棉签去除颗粒后，再用水冲洗。

三、中毒、窒息应急处置

化学品中毒事故的现场救援必须遵循一定的原则：

第一，抢救最危急的生命体征。

第二，处理眼和皮肤污染。

第三，查明化学物质的毒性。

第四，进行特殊和/或对症处理。

人身中毒的途径：在危险化学品的储存、运输、装卸、搬倒商品等操作过程中，毒物主要经呼吸道和皮肤进入人体，经消化道者较少。

（一）急性中毒的现场急救处置

发生急性中毒事故，应立即将中毒者送医院急救，护送者要向院方提供引起中毒的原因、毒物名称等，如化学物不明，则需带该物料及呕吐物的样品，以供医院及时检测。

如不能立即到达医院时，可采取急性中毒的现场急救处理：

1. 吸入中毒者，应迅速脱离中毒现场，向上风向转移至空气新鲜处。松开患者衣领和裤带，并注意保暖。

2. 化学毒物沾染皮肤时，应迅速脱去污染的衣服、鞋袜等，用大量流动清水冲洗 15~30min。头面部受污染时，首先注意眼睛的冲洗。

3. 口服中毒者，如为非腐蚀性物质，应立即用催吐方法，使毒物吐出。

对中毒引起呼吸、心跳骤停者，应进行心肺复苏术，主要的方法有口对口人工呼吸和心脏胸外挤压术。

（二）刺激性气体中毒

刺激性气体主要是指那些由于本身的理化特性而对呼吸道及肺泡上皮具有直接刺激作用的气态化合物。刺激性气体过量吸入可引起以呼吸道刺激、炎症乃至以肺水肿为主要表现的疾病状态，称为刺激性气体中毒。

四、触电应急处置

当发现有人触电时，在保证自己安全的前提下，应根据不同情况采取不同的方法，迅速而果断地使其脱离电源。脱离电源的一般方法：

1. 如果触电人所在的地方较高，须预先采取保证触电人安全的措施，否则停电后会摔下来给触电者更大的危险。

2. 停电时如影响事故地点的照明，必须迅速准备手电筒或合上备用事故照明灯，以便继续进行救护工作。

3. 如不能迅速地将电源断开，就必须设法使触电者与带电部分分开（在低压设备上，如果触电者的衣服是干燥的而且不紧裹在身上，则可以拉他的衣服，但不能触及裸露的皮肤及附近的金属物件；如果电源线较小，可用电工钳将电源线剪断；如果触电者握住了粗导线或母线，必须用绝缘板将触电者垫起来，使其脱离地面）。

4. 如果触电者还没有失去知觉，只在触电过程中曾一度昏迷或因触电时间较长，则必须保证触电者的安静，并保持环境通风良好，然后通知医院救护车接往医院诊治。

5. 如果触电者已失去知觉，但呼吸尚存在，则应当使他舒服、安静地平卧，解开衣服，周围不让人围着，保持空气流通，向触电者身上洒冷水摩擦全身，并通知医院派救护车前来救护；如果触电人呼吸困难，呼吸稀少，不时出现痉挛现象，则必须施行人工呼吸。

6. 如果没有生命的象征（呼吸、脉搏及心脏跳动停止），这时也不能送往医院，只能就地救护。在得到医生的确诊之前，救护始终不能停止。

五、物体打击应急处置

首先查看被打击部位伤害情况。根据伤情确定救护方案，需要包扎的进行现场简易包扎，若有骨折，应就地取材，使用夹板或竹棍固定，避免骨折部位移位。开放性骨折并伴有大出血者，应先止血再固定，用担架或自制简易担架运送伤者至医院治疗。

六、机械伤害应急处置

立即关闭施工机械。如造成断肢或骨折，应立即进行现场固定包扎，找回被切断肢体，

以便送医院后救治。

需要抢救的伤员，应立即就地坚持心肺复苏抢救，并联系就近医院医治。

七、车辆伤害应急处置

根据伤情确定救护方案，需要包扎的进行现场简易包扎，若有出血，先简易包扎止血。

若有骨折，应就地取材，使用夹板或竹棍固定，避免骨折部位移位。开放性骨折并伴有大出血者，应先止血再固定。

上述紧急处理后的伤员抢救，立即与急救中心和医院联系，请求出动急救车辆并做好急救准备，确保伤员得到及时医治。

事故现场取证救助行动中，安排人员同时做好事故调查取证工作，以利于事故处理，防止证据遗失。

八、吊装伤害应急处置

当吊装事故发生时如果有人员伤害，首先抢救受伤人员同时报告应急指挥中心。

如果发生吊装事故没有人员伤亡，应及时处理以免发生人身伤害。

设置警戒区，保护现场，组织人员撤离。

得到报警信号后，施工人员立即停止工作，就近关闭电源、火源，沿既定应急撤离路线撤离到指定地点，撤离过程中听从应急指挥员的指挥，不拥挤、不慌乱，照顾伤病员，有秩序地迅速撤离。

如伤害严重时，应立即安排车辆将伤员送往医院急救。

人员撤离到集合地点时，清点人员。

应急指挥中心组织好现场保护工作，并协助公司、业主或地方主管部门进行调查。

九、自然灾害应急处置

（一）洪涝灾害

1.洪涝灾害的自救与防范

暴雨预警信号分三级，分别以黄色、橙色、红色表示。

暴雨黄色预警信号：6h 降雨量将达 50mm 以上，或过去 6h 降雨量已达 50mm 以上且强降雨（1h 内 10mm 以上的降雨）可能持续。

（1）采取防御措施，保证学生安全。

（2）相关单位做好低洼、易受淹地区的排水防涝工作。

（3）驾驶人员应注意道路积水和交通阻塞，确保安全。

暴雨橙色预警信号：3h 降雨量将达 50mm 以上，或过去 3h 降雨量已达 50mm 以上且强降雨可能持续。

（1）暂停户外作业，人员尽可能停留在室内或者安全场所避雨。

（2）交通管理部门应对积水地区实行交通引导或管制。

（3）转移危险地带以及危房居民到安全场所避雨。

暴雨红色预警信号：3h 降雨量将达 100mm 以上，或已达 100mm 以上且强降雨可能持续。

（1）人员应留在安全处所，户外人员应立即到安全地方暂避。

（2）相关应急处置部门和抢险单位随时准备启动抢险应急方案。

（3）医院、学校、幼儿园以及处于危险地带的单位应停课、停业，民众立即转移到安全地方暂避。

洪水是指由于暴雨或水库溃坝等引起江河水量迅猛增加及水位急剧上涨的自然现象。

（1）突然遭到洪水袭击时，要沉着冷静，并以最快速度安全转移。安全转移要先人员后财产，先老幼病残人员，后其他人员。切不可心存侥幸或救捞财物而贻误避灾时机，造成不应有的人员伤亡。

（2）被洪水围困，有通信条件的，可利用通信工具寻求救援；无通信条件的，要想办法向外界发出紧急求助信号，可制造烟火或来回挥动颜色鲜艳的衣物或集体同声呼救，不断向外界发出紧急求助信号；同时要寻找体积较大的漂浮物等，主动采取自救措施。

（3）当住宅遭受洪水淹没或围困时，应迅速安排家人向屋顶转移，并想办法发出呼救信号，条件允许时，可利用竹木等漂浮物转移到安全的地方。

（4）发现高压线铁塔倾斜或者电线断头下垂时，一定要迅速远避，防止触电。

（5）对于因呛水或泥石流、房屋倒塌等导致的受伤人员，应立即清除其口、鼻、咽喉内的泥土及痰、血等，排除体内污水。

（6）对昏迷伤员，应将其平卧，头后仰，将舌头牵出，尽量保持呼吸道畅通，如有外伤应采取止血、包扎、固定等方法处理，然后转送医院急救。

2. 防洪防汛

洪水防范措施：编制防洪防汛预案，并在汛期前做好检查落实工作。学习防洪知识，加强并完善自身环境内的防灾措施，发现异常征兆，如堤坝渗水，出现"管涌"，水位异常猛涨，应及时向有关部门报告，做好防洪准备，准备必要的医疗用品，妥善安置贵重物品，准备必要的衣物、食品、矿泉水，做好自救和救援的准备，将人畜等尽早转移到安全的地方。如被洪水围困，可在屋顶、树上等高处避难，将木料或木制家具捆扎成救生筏使用，施放求救信号，等待救援。如有条件时，要积极援救周围的遇难者，在洪水到达之前，最重要的是选择逃生路线，尽快地撤离危险地带，不要徒步涉过水流湍急、水深已过膝的水溪。不能饮用洪流中的污水。即时了解汛期灾情，制定或调整防洪对策。在汛情紧张时期，当天气预报有连续暴雨或有台风袭击时，在易受洪水淹没的低洼、滞洪地带或湖泊、海边、河边的人群，更要提高警惕，随时注意水位的变化，及时了解洪水的情况，采取适当的措施，避免或减轻洪水的危害。

3. 洪涝灾害时危险化学品设施应急处置

当发生江河洪水、渍涝灾害、山洪灾害（指由降水引发的山洪、泥石流、滑坡灾害）、风暴潮灾害，以及由洪水、风暴潮、地震、恐怖活动等引发的水库垮坝、江河湖海堤防决口、水闸倒塌等事件造成洪水灾害时，现场应急处置实施原则如下：

（1）采取关闭与切断措施。在洪汛灾害到达前停止拟受灾区域内的生产设施作业，切断工艺流程及电力系统，做好相关保护措施，防止油气泄漏。

（2）全力抢救伤员。组织专业医疗救护小组抢救现场受伤人员，及时清点受灾区域工作点数量、失踪或受困人数，制定营救方案和营救路线；组建抢险救灾突击队，配备机动装备、水陆作业装备等主要装备及各类抢险、救灾、救护、救生器材，根据制定的营救方案和营救路线随时前往受灾区域进行营救活动；必要时请求地方政府、部队和社会团体参与营救。

（3）加强设施监控和监护。对洪水浸泡的生产设施、油气输送管线应加强监控，采取必要的措施控制泄漏。

（4）加强区域联防。配合地方政府开展抗洪救灾和灾民安置工作。

（5）加强卫生防疫工作，做好消毒清洗，防止疫情发生。

（6）及时清理现场。洪汛灾害过后，应尽快组织人员清洗现场，清理污泥，为恢复生产创造条件。

（二）地震

1. 地震的自救与防范

地震灾害的伤亡主要由建筑物倒塌造成。

（1）住在平房的居民遇到地震时，如室外空旷，应迅速头顶保护物跑到屋外；来不及跑时可躲在桌下、床下及坚固的家具旁，并用毛巾衣物捂住口鼻防尘、防烟。

（2）住在楼房的居民，应选择厨房、卫生间等开间小的空间避震；也可躲在内墙根、墙角、坚固的家具旁等易于形成三角空间的地方，要远离外墙、门窗和阳台；不要使用电梯，不要跳楼。

（3）尽快关闭电源、火源。

（4）正在教室上课、工作场所工作、公共场所活动时，应迅速抱头、闭眼，在讲台、课桌、工作台和办公家具下等地方躲避。

（5）正在市内活动时，应注意保护头部，迅速跑到空旷场地蹲下；尽量避开高大建筑物、立交桥，远离高压电线及化学、煤气等工厂或设施。

（6）正在野外活动时，应尽量避开山脚、陡崖、以防滚石和滑坡；如遇山崩，要朝远离滚石前进方向的两侧方向跑。

（7）正在海边游玩时，应迅速远离海边，以防地震引起海啸。

（8）驾车行驶时，应迅速躲开立交桥、陡崖，电线杆等，并尽快选择空旷处立即停车。

（9）身体遭到地震伤害时，应设法清除压在身上的物体，尽可能用湿毛巾等捂住口鼻防尘、防烟；用石块或铁器等敲击物体与外界联系，不要大声呼救，注意保存体力；设法用砖石等支撑上方不稳的重物，保护自己的生存空间。

（10）参加震后搜救时，应注意搜寻被困人员的呼喊、呻吟和敲击器物的声音；不可使用利器刨挖，以免伤人；找到被埋压者时，要及时清除其口鼻内的尘土，使其呼吸畅通；已发现幸存者但解救困难时，首先应输送新鲜空气、水和食物，然后再想其他办法救援。

2. 地震防范（临震应急）

对地震的主要监测手段有：测震、地磁、地电、地应力、地形变、重力、地下水动态及水文地球化学、电磁波、震前动物行为异常等。

地震主要防范措施：新建、扩建、改建工程项目必须达到抗震设防要求，重大建设工程和可能发生严重次生灾害的建设工程必须进行地震安全性评价，建设工程必须按抗震设防要求和有关规范进行抗震设计、精心施工。建设工程必须避开地震活动断层及其不利地段。没达到抗震设防要求的建设工程要加固，不宜加固的危房要拆除，政府、企业、单位、部门应编制地震应急预案。

遇震时要选择结实、能掩护身体的物体，迅速就地躲避。遇震时一定要镇静，并就地躲避，选择室内结实、能掩护身体的地方，如跨度小的厨房、厕所、墙角，或桌子、床铺等矮家具下。千万不要跳楼！不要站在窗边和阳台上。绝对不可以使用打火机或蜡烛，因为空气中可能含有易燃易爆气体；在室外要注意躲避在开阔、安全的地方。避开高大建筑物如楼房，特别是有玻璃幕墙的高层建筑、立交桥、高烟囱等；避开危险物如变压器、电线杆、路灯、广告牌、吊车等。遇到山崩、滑坡，要向垂直于滚石前进方向跑，切不可顺着滚石方向往山下跑；也可躲在结实的障碍物下，或蹲在地沟、坎下；特别要保护好头部。处于泥石流区时，应迅速向泥石流沟两侧跑离，切记不能顺沟向上或向下跑动，避开山脚、陡峭的山坡、山崖等。迅速避开高大危险建筑物，不能顺着滚石方向跑。

3. 地震时危险化学品设施应急处置

按照国家和行业标准规范制订的破坏性地震现场抢险方案，在实施过程中，坚持"以人为本"的指导思想，应符合以下要求：

（1）紧急避震，采取自我保护措施，确保人身安全。

（2）切断危险源，紧急关闭一切生产设施。

（3）设定隔离区，组织力量对现场进行隔离、警戒。

（4）应急人员应佩戴个人防护用品进入隔离区，实时监测空气中有毒物质的浓度。

（5）紧急疏散转移隔离区内所有无关人员到安全场所。

（6）组织抢险救灾队伍、运输车辆、生命探测仪、照明设施、气体检测仪、防毒器具及各类抢险、救灾、救护、救生器材；及时开展抢险工作，并全力搜寻和抢救伤员；必要时请求地方政府、部队和社会团体参与营救。

（7）以控制泄漏源，防止次生灾害发生为处置原则，实施堵漏，回收或处理泄漏物质；

（8）确保应急救援人员和被疏散人员的生活后勤保障。

第五章 建筑工程安全管理

第一节 建筑工程安全管理概述

一、建筑工程安全管理简析

(一) 概述

1. 安全

安全涉及的范围广阔,从军事战略到国家安全,到依靠警察维持的社会公众安全,再到交通安全、网络安全等,都属于安全问题。安全既包括有形实体安全,如国家安全、社会公众安全、人身安全等,也包括虚拟形态安全,如网络安全等。

顾名思义,安全就是"无危则安,无缺则全"。安全意味着不危险,这是人们长期以来在生产中总结出来的一种传统认识。安全工程观点认为,安全是指在生产过程中免遭不可承受的危险、伤害,包括两个方面含义,一是预知危险,二是消除危险,两者缺一不可。即安全是与危险相互对应的,是我们对生产、生活中免受人身伤害的综合认识。

2. 安全管理

管理是指在某组织中的管理者,为了实现组织既定目标而进行的计划、组织、指挥、协调和控制的过程。

安全管理可以定义为管理者为实现安全生产目标对生产活动进行的计划、组织、指挥、协调和控制的一系列活动,以保护员工在生产过程中的安全与健康。其主要任务是:加强劳动保护工作,改善劳动条件,加强安全作业管理,搞好安全生产,保护职工的安全和健康。

建筑工程安全管理是安全管理原理和方法在建筑领域的具体应用,所谓建筑工程安全管理,是指以国家的法律、法规、技术标准和施工企业的标准及制度为依据,采取各种手段,对建筑工程生产的安全状况实施有效制约的一切活动,是管理者对安全生产进行建章立制,进行计划、组织、指挥、协调和控制的一系列活动,是建筑工程管理的一个重要部分。目的是保护职工在生产过程中的安全与健康,保证人身、财产安全。它包括宏观安全管理和微观安全管理两个方面。

宏观安全管理主要是指国家安全生产管理机构以及建设行政主管部门从组织、法律法规、执法监察等方面对建设项目的安全生产进行管理。它是一种间接的管理，同时也是微观管理的行动指南。实施宏观安全管理的主体是各级政府机构。

微观安全管理主要是指直接参与对建设项目的安全管理，包括建筑企业、业主或业主委托的监理机构、中介组织等对建筑项目安全生产的计划、组织、实施、控制、协调、监督和管理。微观管理是直接的、具体的，它是安全管理思想、安全管理法律法规以及标准指南的体现。实施微观安全管理的主体主要是施工企业及其他相关企业。

宏观和微观的建筑安全管理对建筑安全生产都是必不可少的，它们是相辅相成的。为了保护建筑业从业人员的安全，保证生产的正常进行，就必须加强安全管理，消除各种危险因素，确保安全生产，只有抓好安全生产才能提高生产经营单位的安全程度。

3. 安全管理在项目管理中的地位

建筑工程安全管理对国家发展、社会稳定、企业盈利、人民安居有着重大意义，是工程项目管理的内容之一。质量、成本、工期、安全是建筑工程项目管理的四大控制目标。

项目管理总目标由四个目标共同组成，安全是基础，因为：

（1）安全是质量的基础。只有良好的安全措施保证，作业人员才能较好地发挥技术水平，质量也就有了保障。

（2）安全是进度的前提。只有在安全工作完全落实的条件下，建筑企业在缩短工期时才不会出现严重的不安全事故。

（3）安全是成本的保证。安全事故的发生必会给建筑企业和业主带来巨大的经济损失，工程建设也无法顺利进行。

这四个目标互相作用，形成一个有机的整体，共同推动项目的实施。只有四大目标统一实现，项目管理的总目标才得以实现。

4. 安全生产

安全生产是指在劳动过程中，努力改善劳动条件，克服不安全因素，防止伤亡事故的发生，使劳动生产在保证劳动者安全健康和国家财产以及人民生命财产安全的前提下顺利进行。

安全生产一直以来是我国的重要国策。安全与生产的关系可用"生产必须安全，安全促进生产"这句话来概括。二者是一个有机的整体，不能分割更不能对立。

对国家来说，安全生产关系到国家的稳定、国民经济健康持续地发展以及构建和谐社会目标的实现。

对社会来说，安全生产是社会进步与文明的标志。一个伤亡事故频发的社会不能称为文明的社会。社会的团结需要人民安居乐业、身心健康。

对企业来说,安全生产是企业效益的前提,一旦发生安全生产事故,将会造成企业有形和无形的经济损失,甚至会给企业造成致命的打击。

对家庭来说,一次伤亡事故,可能造成一个家庭的支离破碎。这种打击往往会给家庭成员带来经济、心理、生理等多方面创伤。

对个人来说,最宝贵的便是生命和健康,而频发的安全生产事故使二者受到严重的威胁。

由此可见,安全生产的意义非常重大。"安全第一,预防为主"已成为我国安全生产管理的基本方针。

(二)特征

建筑工程的特点,给安全管理工作带来了较大的困难和阻力,决定了建筑安全管理具有自身的特点,这在施工阶段尤为突出。

1. 流动性

建筑产品依附于土地而存在,在同一个地方只能修建一个建筑物,建筑企业需要不断地从一个地方移动到另一个地方进行建筑产品生产。而建筑安全管理的对象是建筑企业和工程项目,也必然要不断地随企业的转移而转移,不断地跟踪建筑企业和工程项目的生产过程。流动性体现在以下三方面:

一是施工队伍的流动性。建筑工程项目具有固定性,这决定了建筑工程项目的生产是随项目的不同而流动的,施工队伍需要不断地从一个地方换到另一个地方进行施工,流动性大,生产周期长,作业环境复杂,可变因素多。

二是人员的流动。由于建筑企业超过80%的工人是农民工,人员流动性也较大。大部分农民工没有与企业形成固定的长期合同关系,往往在一个项目完工后即意味着原劳务合同的结束,须与新的项目签订新的合同,这样造成施工作业培训不足,使得违章操作的现象时有发生,这使不安全行为成为主要的事故发生隐患。

三是施工过程的流动。建筑工程从基础、主体到装修各阶段,因分部分项工程、工序的不同,施工方法的不同,现场作业环境、状况和不安全因素都在变化,作业人员经常更换工作环境,特别是需要采取临时性措施,规则性往往较差。

安全教育与培训往往跟不上生产的流动和人员的大量流动,造成安全隐患大量存在,安全形势不容乐观,要求项目的组织管理对安全管理具有高度的适应性和灵活性。

2. 动态性

在传统的建筑工程安全管理中，人们希望将计划做得很精确，但是从项目环境和项目资源的限制上看，过于精确的计划，往往会使其失去指导性，与实际产生冲突，造成实施中的管理混乱。

建筑工程的流水作业环境使得安全管理更富于变化。与其他行业不同，建筑业的工作场所和工作内容都是动态的、变化的。建筑工程安全生产的不确定因素较多，为适应施工现场环境变化，安全管理人员必须具有不断学习、开拓创新、系统而持续地整合内外资源以应对环境变化和安全隐患挑战的能力。因此，现代建筑工程安全管理更强调灵活性和有效性。

另外，由于建筑市场是在不断发展变化的，政府行政管理部门需要针对出现的新情况新问题做出反应，包括各种新的政策、措施以及法规的出台等。即需要保持相关法律法规及相关政策的稳定性，也需要根据不断变化的环境条件进行适当调整。

3. 协作性

（1）多个建设主体的协作。建筑工程项目的参与主体涉及业主、勘察、设计、施工以及监理等多个单位，它们之间存在着较为复杂的关系，需要通过法律法规以及合同来进行规范。这使得建筑安全管理的难度增加，管理层次多，管理关系复杂。如果组织协调不好，极易出现安全问题。

（2）多个专业的协作。完成整个项目的过程中，涉及管理、经济、法律、建筑、结构、电气、给排水、暖通等相关专业。各专业的协调组织也对安全管理提出了更高的要求。

（3）各级建设行政管理部门在对建筑企业的安全管理过程中应合理确定权限，避免多头管理情形的发生。

4. 密集性

首先是劳动密集。目前，我国建筑业工业化程度较低，需要大量人力资源的投入，是典型的劳动密集型行业。建筑业集中了大量的农民工，很多没有经过专业技能培训，给安全管理工作提出了挑战。因此，建筑安全生产管理的重点是对人的管理。

其次是资金密集。建筑项目的建设需以大量资金投入为前提，资金投入大决定了项目受制约的因素多，如施工资源的约束、社会经济波动的影响、社会政治的影响等。资金密集性也给安全管理工作带来了较大不确定性。

5. 法规性

宏观的安全管理所面对的是整个建筑市场、众多的建筑企业，安全管理必须保持一定的稳定性，通过一套完善的法律法规体系来进行规范和监督，并通过法律的权威性来统一建筑生产的多样性。

作为经营个体的建筑企业可以在有关法律框架内自行管理,根据项目自身的特征灵活采取合适的安全管理方法和手段,但不得违背国家、行业和地方的相关政策和法规,以及行业的技术标准要求。

综上所述,以上特点决定了建筑工程安全管理的难度较大,表现为安全生产过程不可控,安全管理需要从系统的角度整合各方面的资源来有效地控制安全生产事故的发生。因此,对施工现场的人和环境系统的可靠性,必须进行经常性的检查、分析、判断、调整,强化动态中的安全管理活动。

(三)意义

建筑工程安全管理的意义有如下几点:

1. 做好安全管理是防止伤亡事故和职业危害的根本对策。
2. 做好安全管理是贯彻落实"安全第一、预防为主"方针的基本保证。
3. 有效的安全管理是促进安全技术和劳动卫生措施发挥应有作用的动力。
4. 安全管理是施工质量的保障。
5. 做好安全管理,有助于改进企业管理,全面推进企业各方面工作的进步,促进经济效益的提高。安全管理是企业管理的重要组成部分,与企业的其他管理密切联系、互相影响、互相促进。

二、建筑工程安全管理的原则与内容

(一)原则

根据现阶段建筑业安全生产现状及特点,要达到安全管理的目标,建筑工程安全管理应遵循以下六个原则:

1. 以人为本的原则

建筑安全管理的目标是保护劳动者的安全与健康不因工作而受到损害,同时减少因建筑安全事故导致的全社会包括个人家庭、企业行业以及社会的损失。这个目标充分体现了以人为本的原则,坚持以人为本是施工现场安全管理的指导思想。

在生产经营活动中,在处理保证安全与实现施工进度、工程成本及其他各项目标的关系上,始终把从业人员和其他人员的人身安全放到首位,绝不能冒生命危险抢工期、抢进度，绝不能依靠减少安全投入达到增加效益、降低成本的目的。

2. 安全第一的原则

我国建筑工程安全管理的方针是"安全第一，预防为主"。"安全第一"就是强调安全、突出安全，把保证安全放在一切工作的首要位置。当生产和安全工作发生矛盾时，安全是第一位的，各项工作都要服从安全。

安全第一是从保护生产的角度和高度，肯定安全在生产活动中的位置和重要性。

3. 预防为主的原则

进行安全管理不是处理事故，而是针对施工特点在施工活动中对人、物和环境采取管理措施，有效地控制不安全因素的发展与扩大，把可能发生的事故消灭在萌芽状态之中，以保证生产活动中人的安全健康。

贯彻"预防为主"原则应做到以下几点：一是要加强全员安全教育与培训，让所有员工切实明白"确保他人的安全是我的职责，确保自己的安全是我的义务"，从根本上消除习惯性违章现象，减少发生安全事故的概率；二是要制定和落实安全技术措施，消除现场的危险源，安全技术措施要有针对性、可行性，并要得到切实落实；三是要加强防护用品的采购质量和安全检验，确保防护用品的防护效果；四是要加强现场的日常安全巡查与检查，及时辨识现场的危险源，并对危险源进行评价，制定有效措施予以控制。

4. 动态管理的原则

安全管理不是少数管理者和安全机构的事，而是一切与建筑生产有关的所有参与人共同的事。安全管理涉及生产活动的方方面面，涉及从开工到竣工交付的全部生产过程，涉及全部的生产时间，涉及一切变化着的生产因素。当然，这并非否定安全管理第一责任人和安全机构的作用。

因此，生产活动中必须坚持"四全"动态管理：全员、全过程、全方位、全天候的动态安全管理。

5. 发展性原则

安全管理是对变化着的建筑生产活动中的动态管理，其管理活动是不断发展变化的，以适应不断变化的生产活动，消除新的危险因素。这就需要我们不断地摸索新规律，总结新的安全管理办法与经验，指导新的变化后的管理，只有这样才能使安全管理不断地上升到新的高度，提高安全管理的艺术和水平，促进文明施工。

6. 强制性原则

严格遵守现行法律法规和技术规范是基本要求，同时强制执行和必要的惩罚必不可少。关于《建筑法》《安全生产法》《工程建设标准强制性条文》等一系列法律、法规的规定，都是在不断强调和规范安全生产，加强政府的监督管理，做到对各种生产违法行为的强制制裁有法可依。

安全是生产的法定条件，安全生产不能因领导人的看法和注意力的改变而改变。项目的安全机构设置、人员配备、安全投入、防护设施用品等都必须采取强制性措施予以落实，"三违"现象（违章指挥、违章操作、违反劳动纪律）必须采取强制性措施加以杜绝，一旦出现安全事故，首先追究项目经理的责任。

（二）内容

根据施工项目的实际情况和施工内容，识别风险和安全隐患，找出安全管理控制点。

根据识别的重大危险源清单和相关法律法规，编制相应管理方案和应急预案。组织有关人员对方案和预案进行充分性、有效性、适宜性的评审，完善控制的组织措施和技术措施。

进行安全策划（脚手架工程、高处作业、机械作业、临时用电、动用明火、沉井、深挖基础、爆破作业、铺架施工、既有线施工、隧道施工、地下作业等要做出规定），编制安全规划和安全措施费的使用计划；制定施工现场安全、劳动保护、文明施工和作业环境保护措施，编制临时用电设计方案；按安全、文明、卫生、健康的要求布置生产（安全）、生活（卫生）设施；落实施工机械设备、安全设施及防护用品进场计划的验收；进行施工人员上岗安全培训、安全意识教育（三级安全教育）；对从事特种作业和危险作业人员、四新人员要进行专业安全技能培训，对从业资格进行检查；对洞口、临边、高处作业所采取的安全防护措施（"三安"：安全帽、安全带、安全网。"四口"：楼梯口、电梯井口、预留洞口、通道口），指定专人负责搭设和验收；对施工现场的环境（废水、尘毒、噪声、振动、坠落物）进行有效控制，防止职业危害的发生；对现场的油库和炸药库等设施进行检查；编制施工安全技术措施等。

进行安全检查，按照分类方式的不同，安全检查可以分为定期和不定期检查、专业性和季节性检查、班组检查和交接检查。检查可通过"看""量""测""现场操作"等方法进行。检查内容包括：安全生产责任制、安全保证计划、安全组织机构、安全保证措施、安全技术交底、安全教育、安全持证上岗、安全设施、安全标志、操作行为、规范管理、安全记录等。安全检查的重点是违章指挥和违章作业、违反劳动纪律。还有就是安全技术措施的执行情况，这也是施工现场安全保障的前提。

针对检查中发现的问题，下达"隐患整改通知书"，按规定程序进行整改，同时制定相应的纠正措施，现场安全员组织员工进行原因分析总结，吸取其中的教训。并对纠正措施的实施过程和效果进行跟踪验证。针对已发生的事故，按照应急程序进行处置，使损失

 应急管理技术与方法研究

最小化。对事故是否按处理程序进行调查处理，对应急准备和响应是否可行进行评价，并改进、完善方案。

第二节 安全文明施工

一、安全文明施工一般项目

为做到建筑工程的文明施工，施工企业在综合治理、公示标牌、社区服务、生活设施等一般项目的管理上也要给予重视。

（一）综合治理

施工现场应在生活区内适当设置工人业余学习和娱乐的场所，以使劳动后的员工也能有合理的休息方式。施工现场应建立治安保卫制度、治安防范措施，并将责任分解落实到人，杜绝发生盗窃事件，并由专人负责检查落实情况。

为促进综合治理基础工作的规范化管理，保证综合治理各项工作措施落实到位，项目部由安全负责人挂帅，成立由管理人员、工地门卫以及工人代表参加的治安保卫工作领导小组，对工地的治安保卫工作全面负责。

及时对进场职工进行登记造册，主动到公安外来人口管理部门申请领取暂住证，门卫值班人员必须坚持日夜巡逻，积极配合公安部门做好本工地的治安联防工作。

集体宿舍做到定人定位，不得男女混居，杜绝聚众斗殴、赌博、嫖娼等违法事件发生，不准留宿身份不明的人员，来客留宿工地的，必须经工地负责人同意并登记备案，以保证集体宿舍的安全。做好防火防盗等安全保卫工作，资金、危险品、贵重物品等必须妥善保管。经常性对职工进行法律法制知识及道德教育，使广大职工知法、懂法，从而减少或消除违法案件的发生。

严肃各项纪律制度，加强社会治安综合治理工作，健全门卫制度和各项综合管理制度，增强门卫的责任心。门卫必须坚持对外来人员进行询问登记，身份不明者不准进入工地。夜间值班人员必须流动巡查，发现可疑情况，立即报告项目部进行处理。当班门卫一定要坚守岗位，不得在班中睡觉或做其他事情。发现违法乱纪行为，应及时予以劝阻和制止，对严重违法犯罪分子，应将其扭送或报告公安部门处理。夜间值班人员要做好夜间火情防范工作，一旦发现火情，立即发出警报，火情严重的要及时报警。搞好警民联系，共同协

作搞好社会治安工作。及时调解职工之间的矛盾和纠纷，防止矛盾激化，对严重违反治安管理制度的人员进行严肃处理，确保全工程无刑事案件、无群体斗殴、无集体上访事件发生，以求一方平安，保证工程施工正常进行。

公司综合治理领导小组每季度召开一次会议，特殊情况下可随时召开。各基层单位综合治理领导小组每月召开一次会议，并有会议记录。公司综合治理领导小组每季度向上级汇报公司综合治理工作情况，项目部每月向公司综合治理领导小组书面汇报本单位综合治理工作情况，特殊情况应随时向公司汇报。

（二）公示标牌

施工现场必须设置明显的公示标牌，标明工程项目名称、建设单位、设计单位、施工单位、项目经理和施工现场总代表人的姓名、开工和竣工日期、施工许可证批准文号等。施工单位负责施工现场标牌的保护工作，施工现场的主要管理人员在施工现场应当佩戴证明其身份的证卡。

施工现场的进口处应有整齐明显的"五牌一图"，即工程概况牌、工地管理人员名单牌、消防保卫牌、安全生产牌、文明施工牌、施工现场平面图。图牌应设置稳固、规格统一、位置合理、字迹端正、线条清晰、标示明确。

标牌是施工现场重要标志的一项内容，不但内容应有针对性，同时标牌制作、悬挂也应规范整齐、字体工整，为企业树立形象、创建文明工地打好基础。

为进一步对职工做好安全宣传工作，要求施工现场在明显处，应有必要的安全宣传图牌，主要施工部位、作业点和危险区域以及主要通道口都应设有合适的安全警告牌和操作规程牌。

施工现场应该设置读报栏、黑板报等宣传园地，丰富学习内容，表扬好人好事。在施工现场明显处悬挂"安全生产，文明施工"宣传标语。

项目部每月出一期黑板报，由项目部安全员负责实施；黑板报的内容要有一定的时效性、针对性、可读性和教育意义；黑板报的取材可以有关质量、安全生产、文明施工的报纸、杂志、文件、标准，与建筑工程有关的法律法规、环境保护及职业健康方面的内容；黑板报的主要内容，必须切合实际，结合当前工作的现状及工程的需要；初稿形成必须经项目部分管负责人审批后再出刊；在黑板报出刊时，必须在落款部位注明第几期，并附有照片。

（三）社区服务

加强施工现场环保工作的组织领导，成立以项目经理为首，由技术、生产、物资、机械等部门组成的环保工作领导小组，设立专职环保员一名。建立环境管理体系，明确职责、权限。建立环保信息网络，加强与当地环保局的联系。不定期组织工地的业务人员学习国家、环境法律法规和本公司环境手册、程序文件、方针、目标、指标知识等内部标准，使每个人都了解 ISO 14001 环保标准要求和内容。认真做好施工现场环境保护的监督检查工作，包括每月三次噪声监测记录及环保管理工作自检记录等，做到数据准确、记录真实。施工现场要经常采取多种形式的环保宣传教育活动，施工队进场要集体进行环保教育，不断提高职工的环保意识和法治观念，未通过环保考核者不得上岗。在普及环保知识的同时，不定期地进行环保知识的考核检查，鼓励环保革新发明活动。要制定防止大气污染、水污染和施工噪声污染的具体制度。

积极全面地开展环保工作，建立项目部环境管理体系，成立环保领导小组，定期或不定期进行环境监测监控。加强环保宣传工作，提高全员环保意识。现场采取图片、表扬、评优、奖励等多种形式进行环保宣传，将环保知识的普及工作落实到每位施工人员身上。对上岗的施工人员实行环保达标上岗考试制度，做到凡是上岗人员均须通过环保考试。现场建立环保义务监督岗制度，保证及时反馈信息，对环保做得不周之处及时提出整改方案，积极改进并完善环保措施。每月进行三次环保噪声检查，发现问题及时解决。严格按照施工组织设计中的环保措施开展环保工作，其针对性和可操作性要强。

施工单位应当遵守国家有关环境保护的法律规定，采取措施控制施工现场的各种粉尘、废气、废水、固体废物以及噪声、振动对环境的污染和危害。

应当采取下列防止环境污染的措施：

1. 妥善处理泥浆水，未经处理不得直接排入城市排水设施和河流。

2. 除附设有符合规定的装置外，不得在施工现场熔融沥青或焚烧油毡、油漆及其他会产生有毒有害烟尘和恶臭气体的物质。

3. 使用密封式的圈筒或者采取其他措施处理高空废弃物。

4. 采取有效措施控制施工过程中的扬尘。

5. 禁止将有毒有害废弃物用作土方回填。

6. 对产生噪声、振动的施工机械，应采取有效控制措施，减轻噪声扰民。

施工由于受技术、经济条件限制，对环境的污染不能控制在规定范围内的，建设单位应当会同施工单位事先报请当地人民政府建设行政主管部门和环境行政主管部门批准。必须进行夜间施工时，要进行审批，批准后按批复意见施工，并注意影响，尽量做到不扰民；与当地派出所、居委会取得联系，做好治安保卫工作，严格执行门卫制度，防止工地出现偷盗、打架、职工外出惹事等意外事情发生，防止出现扰民现象（特别是中高考期间）。

认真学习和贯彻国家、环境法律法规和遵守本公司环境方针、目标、指标及相关文件要求。

按当地规定，在允许的施工时间之外必须施工时，应有主管部门批准手续（夜间施工许可证），并做好周围群众工作。夜间22点至早晨6点时段，没有夜间施工许可证的，不允许施工。现场不得焚烧有毒、有害物质，有毒、有害物质应该按照有关规定进行处理。现场应制定不扰民措施，由责任人管理和检查，并与居民定期联系听取其意见，对合理意见应处理及时，工作应有记载。制定施工现场防粉尘、防噪声措施，使附近的居民不受干扰。严格按规定的早6点、晚22点时间作业。严格控制扬尘，不许从楼上往下扔建筑垃圾，堆放粉状材料要遮挡严密，运输粉状材料要用高密目网或彩条布遮挡严密，保证粉尘不飞扬。

严格控制废水、污水排放，不许将废水、污水排到居民区或街道。防止粉尘污染环境，施工现场设明排水沟及暗沟，直接接通污水道，防止施工用水、雨水、生活用水排出工地。混凝土搅拌车、货车等车辆出工地时，轮胎要进行清扫，防止轮胎污物被带出工地。施工现场设垃圾箱，禁止乱丢乱放。

施工建筑物采用密目网封闭施工，防止靠近居民区出现其他安全隐患及不可预见性事故，确保安全可靠。采用高品混凝土，防止现场搅拌噪声扰民及水泥粉尘污染。用木屑除尘器除尘时，在每台加工机械尘源上方或侧向安装吸尘罩，通过风机作用，将粉尘吸入输送管道，送到普料仓。使用机械如电锯、砂轮、混凝土振捣器等噪声较大的设备时，应尽量避开人们休息的时间，禁止夜间使用，防止噪声扰民。

（四）生活设施

认真贯彻执行《环境卫生保护条例》。生活设施应纳入现场管理总体规划，工地必须有环境卫生及文明施工的各项管理制度、措施要求，并落实责任到人。有卫生专职管理人员和保洁人员，并落实卫生包干区和宿舍卫生责任制度，生活区应设置醒目的环境卫生宣传标语、宣传栏、各分片区的责任人牌，在施工区内设置饮水处、吸烟室，生活区内种花草，美化环境。

生活区应有除"四害"措施，物品摆放整齐、清洁、无积水，防止蚊蝇滋生。生活区的生活设施（如水龙头、垃圾桶等）有专人管理，生活垃圾一日至少要早、晚清倒两次，禁止乱扔杂物，生活污水应集中排放。

生活区应设置符合卫生要求的宿舍、男女浴室或清洗设备、更衣室、男女水冲式厕所，保持清洁。高层建筑施工时，可隔几层设置移动式的简单厕所，以切实解决施工人员的实际问题。施工现场应按作业人员的数量设置足够使用的沐浴设施，沐浴室在寒冷季节应有

暖气、热水，且应有管理制度和专人管理。

食堂卫生符合《食品卫生法》的要求。炊事员必须持有健康证，着白色工作服工作。保持整齐清洁，杜绝交叉污染。食堂管理制度上墙，加强卫生教育，不食不洁食物，预防食物中毒，食堂有防蝇装置。

工地要有临时保健室或巡回医疗点，开展定期医疗保健服务，关心职工健康。高温季节施工要做好防暑降温工作。施工现场无积水，污水、废水不准乱排放。生活垃圾必须随时处理或集中加以遮挡，集中装入容器运送，不能与施工垃圾混放，并设专人管理。落实消灭蚊蝇滋生的承包措施，与各班组达成检查监督约定，以保证措施落实。保持场容整洁，做好施工人员有效防护工作，防止各种职业病的发生。

施工现场作业人员饮水应符合卫生要求，有固定的盛水容器，并有专人管理。现场应有合格的可供食用的水源（如自来水），不准把集水井作为饮用水，也不准直接饮用河水。茶水棚（亭）的茶水桶做到加盖加锁，并配备茶具和消毒设备，保证茶水供应，严禁食用生水。夏季要确保施工现场的凉开水或清凉饮料供应，暑伏天可增加绿豆汤，防止中暑、脱水现象发生。积极开展除"四害"运动，消灭病毒传染体。现场落实消灭蚊蝇滋生的承包措施，与承包单位签订检查约定，确保措施落实。

二、安全文明施工保证项目

为做到建筑工程的文明施工，施工企业必须在现场围挡、封闭管理、施工现场、材料管理、现场办公与住宿、现场防火等保证项目上加强管理。

（一）围挡现场

工地四周应设置连续、密闭的围挡，其高度与材质应满足如下要求：

1. 市区主要路段的工地周围设置的围挡高度不低于 2.5m，一般路段的工地周围设置的围挡高度不低于 1.8m。市政工地可按工程进度分段设置围挡或按规定使用统一的、连续的安全防护设施。

2. 围挡材料应选用砌体，砌筑 60cm 高的底脚并抹光，禁止使用彩条布、竹笆、安全网等易变形的材料，做到坚固、平稳、整洁、美观。

3. 围挡的设置必须沿工地四周连续进行，不能有缺口。

4. 围挡外不得堆放建筑材料、垃圾和工程渣土、金属板材等硬质材料。

（二）封闭管理

施工现场实施封闭式管理。施工现场进出口应设置大门，门头要设置企业标志，企业标志是标明集团、企业的规范简称；设有门卫室，制定值班制度。设警卫人员，制定警卫管理制度，切实起到门卫作用；为加强对出入现场人员的管理，规定进入施工现场的人员都必须佩戴工作卡，且工作卡应佩戴整齐；在场内悬挂企业标志旗。

未经有关部门批准，施工范围外不准堆放任何材料、机械，以免影响秩序，污染市容，损坏行道树和绿化设施。夜间施工要经有关部门批准，并将噪声控制到最低限度。

工地、生活区应有卫生包干平面图，根据要求落实专人负责，做到定岗、定人，做好公共场所、厕所、宿舍卫生打扫，茶水供应等生活服务工作。工地、生活区内道路平整，无积水，要有水源、水斗、灭害措施、存放生活垃圾的设施，要做到勤清运，确保场地整洁。

宣传企业材料的标语应字迹端正、内容健康、颜色规范，工地周围不随意堆放建筑材料。围挡周围整洁卫生、不非法占地，建设工程施工应当在批准的施工场地内组织进行，需要临时征用施工场地或者临时占用道路的，应当依法办理有关批准手续。

建设工程施工需要架设临时电网、移动电缆等，施工单位应当向有关主管部门报批，并事先通告受影响的单位和居民。

施工单位进行地下工程或者基础工程施工时发现文物、古化石、爆炸物、电缆等应当暂停施工，保护好现场，并及时向有关部门报告，按有关规定处理后，方可继续施工。

施工场地道路平整畅通，材料机具分类并按平面布置图堆放整齐、标志清晰。

工地四周不乱倒垃圾、淤泥，不乱扔废弃物；排水设施流畅，工地无积水；及时清理淤泥；运送建筑材料、淤泥、垃圾，沿途不漏撒；沾有泥沙及浆状物的车辆不驶出工地，工地门前无场地内带出的淤泥与垃圾；搭设的临时厕所、浴室有措施保证粪便、污水不外流。

单项工程竣工验收合格后，施工单位可以将该单项工程移交建设单位管理。全部工程验收合格后，施工单位方可解除施工现场的全部管理责任。

设门卫值班室，值班人员要佩戴执勤标志；门卫认真执行本项目门卫管理制度，并实行凭胸卡出入制度，非施工人员不得随便进入施工现场，确须进入施工现场的，警卫必须检查证明证件，登记后方可进入工地；进入工地的材料，门卫必须进行登记，注明材料规格、品种、数量，车的种类和车牌号；外运材料必须有单位工程负责人签字，方可放行；加强对劳务队的管理，掌握人员底数，签订治安协议；非施工人员不得住在更衣室、财会室及职工宿舍等易发案位置，由专人管理，制定防范措施，防止发生盗窃案件；贵重、剧毒、易燃易爆等物品设专库专管，执行存放、保管、领用、回收制度，做到账物相符；职工携物出现场，要开出门证，做好成品保卫工作，制定具体措施，严防被盗、破坏和治安灾害事故的发生。

（三）施工场地

遵守国家有关环境保护的法律规定，应有效控制现场各种粉尘、废水、固体废弃物，以及噪声、振动对环境的污染和危害。

工地地面要做硬化处理，做到平整、不积水、无散落物。道路要畅通，并设排水系统、汽车冲洗台、三级沉淀池，有防泥浆、污水、废水措施。建筑材料、垃圾和泥土、泵车等运输车辆在驶出现场之前，必须冲洗干净。工地应严格按防汛要求，设置连续、通畅的排水设施，防止泥浆、污水、废水外流或堵塞下水道和排水河道。

工地道路要平坦、畅通、整洁，不乱堆乱放；建筑物四周浇捣散水坡；施工场地应有循环干道且保持畅通，不堆放构件、材料；道路应平整坚实，施工场地应有良好的排水设施，保证畅通排水。项目部应按照施工现场平面图设置各项临时设施，并随施工不同阶段进行调整，合理布置。

现场要有安全生产宣传栏、读报栏、黑板报，主要施工部位作业点和危险区域，以及主要道路口都要设有醒目的安全宣传标语或合适的安全警告牌。主要道路两侧用钢管做扶栏，高度为 1.2m，两道横杆间距 0.6m，立杆间距不超过 2m，40cm 间隔刷黄黑漆做色标。

工程施工的废水、泥浆应经流水槽或管道流到工地集水池，统一沉淀处理，不得随意排放和污染施工区域以外的河道、路面。施工现场的管道不得有跑、冒、滴、漏或大面积积水现象。施工现场禁止吸烟，按照工程情况设置固定的吸烟室或吸烟处，吸烟室应远离危险区并设必要的灭火器材。工地应尽量做到绿化，尤其是在市区主要路段的工地更应该做到这点。

保持场容场貌的整洁，随时清理建筑垃圾。在施工作业时，应有防止尘土飞扬、泥浆洒漏、污水外流、车辆带泥土运行等措施。进出工地的运输车辆应采取措施，以防止建筑材料、垃圾和工程渣土飞扬撒落或流溢。施工中泥浆、污水、废水禁止随地排放，选合理位置设沉淀池，经沉淀后方可排入市政污水管道或河道。作业区严禁吸烟，施工现场道路要硬化畅通，并设专人定期打扫道路。

（四）材料管理

1.材料堆放

施工现场场容规范化。需要在现场堆放的材料、半成品、成品、器具和设备，必须按已审批过的总平面图指定的位置进行堆放。应当贯彻文明施工的要求,推行现代管理方法,科学组织施工,做好施工现场的各项管理工作。施工应当按照施工总平面布置图规定的位置和线路设置,建设工程实行总包和分包的,分包单位确须进行改变施工总平面布置图活动的,应当先向总包单位提出申请,不得任意侵占场内道路,并应当按照施工总平面布置图设置各项临时设施现场堆放材料。

各种物料堆放必须整齐,高度不能超过1.6m,砖成垛,砂、石等材料成方,钢管、钢筋、构件、钢模板应堆放整齐,用木方垫起,作业区及建筑物楼层内,应做到工完料清。除去现浇筑混凝土的施工层外,下部各楼层凡达到强度的拆模要及时清理运走,不能马上运走的必须码放整齐。各楼层内清理的垃圾不得长期堆放在楼层内,应及时运走,施工现场的垃圾应分类集中堆放。

所有建筑材料、预制构件、施工工具、构件等均应按施工平面布置图规定的地点分类堆放,并整齐稳固。必须按品种、分规格堆放,并设置明显标志牌(签),标明产地、规格等,各类材料堆放不得超过规定高度,严禁靠近场地围护栅栏及其他建筑物墙壁堆置,且其间距应在50cm以上,两头空间应予封闭,防止有人入内,发生意外伤害事故。油漆及其稀释剂和其他对职工健康有害的物质,应该存放在通风良好、严禁烟火的仓库。

库房搭设要符合要求,有防盗、防火措施,有收、发、存管理制度,有专人管理,账、物、卡三相符,各类物品堆放整齐,分类插挂标牌,安全物资必须有厂家的资质证明、安全生产许可证、产品合格证及原始发票复印件,保管员和安全员共同验收、签字。

易燃易爆物品不能混放,必须设置危险品仓库,分类存放,专人保管,班组使用的零散的各种易燃易爆物品,必须按有关规定存放。

工地水泥库搭设应符合要求,库内不进水、不渗水、有门有锁。各品种水泥按规定标号分别堆放整齐,专人管理,账、牌、物三相符,遵守先进先用、后进后用的原则。工具间整洁,各类物品堆放整齐,由专人管理,有收、发、存管理制度。

2.库房安全管理

库房安全管理包括以下内容:

(1)严格遵守物资入库验收制度,对入库的物资要按名称、规格、数量、质量认真检查。加强对库存物资的防火、防盗、防汛、防潮、防腐烂、防变质等管理工作,使库存物资布局合理、存放整齐。

(2)严格执行物资保管制度,对库存物资做到布局合理、存放整齐,并做到标记明确、对号入座,摆设分层码跺、整洁美观,对易燃、易爆、易潮、易腐烂及剧毒危险物品应存放专用仓库或隔离存放,定期检查,做到勤检查、勤整理、勤清点、勤保养。

（3）存放爆炸物品的仓库不得同时存放性质相抵触的爆炸物品和其他物品，并不得超过规定的储存数量。存放爆炸物品的仓库必须建立严格的安全管理制度，禁止使用油灯、蜡烛和其他明火照明，不准把火种、易燃物品等容易引起爆炸的物品和铁器带入仓库，严禁在仓库内住宿、开会或加工火药，并禁止无关人员进入仓库。收存和发放爆炸物品必须建立严格的收发登记制度。

（4）在仓库内存放危险化学品应遵守以下规定：仓库与四周建筑物必须保持相应的安全距离，不准堆放任何可燃材料；仓库内严禁烟火，并禁止携带火种和引起火花的行为；明显的地点应有警告标志；加强货物入库验收和平时的检查制度，卸载、搬运易燃易爆化学物品时应轻拿轻放，防止剧烈震动、撞击和重压，确保危险化学品的储存安全。

（五）现场办公与住宿

施工现场必须将施工作业区与生活区、办公区严格分开，不能混用，应有明显划分，有隔离和安全防护措施，防止发生事故。在建工程内不得兼作宿舍，因为在施工区内住宿会带来各种危险，如落物伤人、触电或洞口和临边防护不严而造成事故，又如两班作业时，施工噪声影响工人的休息。

寒冷地区，冬季住宿应有保暖措施和防煤气中毒的措施。炉火应统一设置，由专人管理并有岗位责任。炎热季节，宿舍应有消暑和防蚊虫叮咬措施，保证施工人员有充足睡眠。宿舍内床铺及各种生活用品放置整齐，室内应限定人数，不允许男女混睡，有安全通道，宿舍门向外开，被褥叠放整齐、干净，室内无异味。宿舍外围环境卫生好，不乱泼乱倒，应设污物桶、污水池，房屋周围道路平整。室内照明灯具高度不低于2.5m。宿舍、更衣室应明亮通风，门窗齐全、牢固，室内整洁，无违章用电、用火及违反治安条例现象。

职工宿舍要有卫生值日制度，实行室长负责，规定一周内每天卫生值日名单并张贴上墙，做到天天有人打扫，保持室内窗明地净、通风良好。宿舍内各类物品应堆放整齐，不到处乱放，应整齐美观。

宿舍内不允许私拉乱接电源，不允许使用电饭煲、电水壶、热得快等大功率电器，不允许做饭烧煤气，不允许用碘钨灯取暖、烘烤衣服。生活废水应集中排放，二楼以上也要有水源及水池，卫生区内无污水、无污物，废水不得乱倒乱流。

项目经理部根据场所许可和临设的发展变化，应尽最大努力为广大职工提供家属区域，使全体职工感受企业的温暖。为了为全员职工服务，职工家属一次性来队不得超过10天，逾期项目部不予安排住宿。职工家属子女来队探亲必须先到项目部登记，签订安全守则后，由项目部指定宿舍区号入住，不得任意居住，违者不予安排住宿。

来队家属及子女不得随意寄住和往返施工现场，如任意游留施工现场，发生意外，一切后果由本人自负，项目部概不负责。家属宿舍内严禁使用煤炉、电炉、电炒锅、电饭煲，加工饭菜，一律到伙房，违者按规章严加处罚。家属宿舍除本人居住外，不得任意留宿他人或转让他人使用，居住到期将钥匙交项目部，由项目部另做安排，如有违者按规定处罚。

第三节　施工现场安全管理

一、施工现场的平面布置与划分

施工现场的平面布置与划分是施工组织设计的重要组成部分，对规范施工现场管理、提高施工效率、提高文明施工水平至关重要。

（一）施工总平面图编制的依据

1. 工程所在地区的原始资料，包括建设、勘察、设计以及规划等单位提供的有关资料。
2. 原有建筑物和拟建建筑工程的位置和尺寸。
3. 施工方案、施工进度和资源需要计划。
4. 全部施工设施建造方案。
5. 建设单位可提供的房屋和其他设施。

（二）施工平面布置原则

1. 在保证施工顺利的条件下，尽可能减少临时设施搭设，尽可能利用施工现场附近原有建筑物作为施工临时设施。
2. 施工现场临时设施、临时道路的设置应科学合理，并应符合安全、消防、节能、环保等有关规定。
3. 临时设施的布置，应便于工人生产和生活，办公用房靠近施工现场，娱乐室、淋浴室等应在生活区范围内。
4. 满足施工要求，场内道路畅通，运输方便，各种材料能按计划分期分批进场，充分利用场地。
5. 材料、构配件堆放位置尽量靠近使用地点，减少二次搬运。
6. 现场布置紧凑有序，尽量节约施工用地。

（三）施工总平面图表明的内容

1. 拟建建筑的位置，平面轮廓。
2. 施工机械设备的位置。
3. 塔式起重机轨道、运输路线及回转半径。
4. 施工运输道路、临时供水、排水管线。
5. 临时供电线路及变配电设施位置。
6. 施工临时设施位置。
7. 各作业区及物料堆放位置。
8. 绿化区域位置。
9. 施工现场外围道路及环境。
10. 围墙与施工大门位置。
11. 施工现场消防通道、消防设施的位置。

（四）施工现场功能区域划分及设置

施工现场按照功能可划分为施工区、办公区和生活区等区域。
1. 施工区又分为施工作业区、辅助作业区、材料存放区。
2. 办公区一般包括办公室、资料室、会议室、档案室等。
3. 生活区是指工程建设作业人员集中居住、生活的场所，包括施工现场以内和施工现场以外独立设置的生活区。

场内设置的办公区、生活区应当与施工区划分清楚，并保持安全距离，且应采取相应的防护隔离措施，设置明显的指示标志，以免人员误入危险区域。办公、生活区应当设置在建筑物的坠落半径和塔吊等机械作业半径之外，并与用电线路之间保持安全距离；若设置在建筑物坠落半径之内，必须采取可靠的防护措施。功能区规划设置时还应考虑交通、水电、消防和卫生、环保等因素。

二、消防安全

施工现场是消防的重点场所。施工现场堆放的各种建筑材料，设备的仓库或堆场，办公室、宿舍、食堂、更衣室等临时设施，临时变电所（配电箱）、乙炔发生器间、油漆间、木工间、电工间、易燃易爆危险物品仓库等都是重点消防部位。施工企业应当在施工现场建立消防安全责任制度，确定消防安全责任人，制定用火、用电、使用易燃易爆物品材料等各项消防安全管理制度和操作规程，确保施工现场防火布局合理，规范设置临建房屋、消防通道、消防水源及灭火器材。

（一）防火原则和基本概念

1. 防火原则

防火是指防止火灾发生和(或)限制其影响的措施。我国消防工作的方针是"预防为主，防消结合"。

"预防为主"就是要把预防火灾的工作放在首要的位置，要开展防火安全教育，提高人民群众对火灾的警惕性；健全防火组织，严密防火制度，进行防火检查，消除火灾隐患，贯彻建筑防火措施等。

"防消结合"就是在积极做好防火工作的同时，在组织上、思想上、物质上和技术上做好灭火战斗的准备。一旦发生火灾，就能迅速地赶赴现场，及时有效地将火灾扑灭。

"防"和"消"是相辅相成的两个方面，是缺一不可的，因此，这两方面的工作都要积极做好。

2. 火灾分类

火灾是指在时间和空间上失去控制的燃烧所造成的灾害。

火灾根据可燃物的类型和燃烧特性，分为A、B、C、D、E、F六类。

A类火灾：指固体物质火灾。这种物质通常具有有机物质性质，一般在燃烧时能产生灼热的余烬。如木材、煤、棉、毛、麻、纸张等火灾。

B类火灾：指液体或可熔化的固体物质火灾。如煤油、柴油、原油、甲醇、乙醇、沥青、石蜡等火灾。

C类火灾：指气体火灾。如煤气、天然气、甲烷、乙烷、丙烷、氢气等火灾。

D类火灾：指金属火灾。如钾、钠、镁、铝镁合金等火灾。

E类火灾：带电火灾。如物体带电燃烧的火灾。

F类火灾：烹饪器具内的烹饪物（如动植物油脂）火灾。

3. 火灾等级

按照一次火灾事故所造成的人员伤亡、受灾户数和财物直接损失金额，火灾可分为特别重大、重大、较大和一般火灾四个等级，其标准是：

（1）特别重大火灾

是指造成30人以上死亡，或者100人以上重伤，或者1亿元以上直接财产损失的火灾。

（2）重大火灾

是指造成10人以上30人以下死亡，或者50人以上100人以下重伤，或者5 000万元以上1亿元以下直接财产损失的火灾。

（3）较大火灾

是指造成3人以上10人以下死亡，或者10人以上50人以下重伤，或者1 000万元以上5 000万元以下直接财产损失的火灾。

（4）一般火灾

是指造成3人以下死亡，或者10人以下重伤，或者1 000万元以下直接财产损失的火灾。

注："以上"包括本数，"以下"不包括本数。

4. 燃烧条件

燃烧是一种剧烈的氧化反应。发生燃烧必须具备以下三个条件：

（1）可燃物质。凡是能够与空气中的氧或其他氧化剂起剧烈化学反应的物质，一般都称为可燃物质。如：木材、纸张、汽油、酒精、氢气、钠、镁等。

（2）助燃物质。凡能和可燃物发生反应并引起燃烧的物质，称为助燃物质。如：空气、氧、氯、过氧化钠等。

（3）火源。凡能引起可燃物质燃烧的热能源，称为火源。如：明火、高温、赤热体、火星、聚焦的日光、机械热、雷电、静电、电火花等。

5. 自燃

自燃是指可燃物质在没有外来热源作用的情况下，由其本身所进行的生物、物理或化学作用而产生热。在达到一定的温度和氧量时，发生自动燃烧。

在一般情况下，能自燃的物质有：植物产品、油脂、煤及硫化铁等。

6. 爆炸

物质自一种状态迅速地转变为另一种状态，并在极短的时间内放出巨大能量的现象，称为爆炸。爆炸中，温度与压力急剧升高，产生爆破或者冲击作用。

爆炸可分为核爆炸、物理爆炸和化学爆炸三种形式。

7. 动火等级

根据建筑工程选址位置、施工现场平面布置、作业周围环境、施工工艺的不同，将动火等级分为一、二、三级。

（1）一级动火

凡属下列情况之一的动火，均为一级动火：

①禁火区域内。

②油罐、油箱、油槽车和储存过可燃气体、易燃液体的容器及与其连接在一起的辅助

设备。

③各种受压设备。

④危险性较大的登高焊、割作业。

⑤比较密封的室内、容器内、地下室等场所。

⑥现场堆有大量可燃和易燃物质的场所。

（2）二级动火

凡属下列情况之一的动火，均为二级动火：

①在具有一定危险因素的非禁火区域内进行临时焊、割等用火作业。

②小型油箱等容器。

③登高焊、割等用火作业。

（3）三级动火

在非固定的、无明显危险因素的场所进行用火作业，均属三级动火作业。

（二）防火与灭火基本方法

1. 防火

根据燃烧的条件，防火要从防止燃烧入手，即控制可燃物、隔离助燃物、消除着火源、阻止火势蔓延等。

（1）控制可燃物——使用难燃或不燃的材料代替可燃材料，设置易燃化学品和易燃材料的专储仓库，控制易燃物品的储量。

（2）隔离助燃物——对使用、生产易爆化学品的生产设备实行密闭操作，防止与空气接触形成可燃混合物，隔绝空气。

（3）禁止明火源——在爆炸危险场所安装整体防爆电气设备，仓库、油库严禁吸烟，严禁明火作业、防静电。

（4）阻止火势蔓延——设置防火墙或留防火间距，初期扑救，防止新的燃烧条件生成。

2. 灭火

根据燃烧的特点，灭火的方法主要有冷却法、隔离法、窒息法和抑制法等。

（1）冷却法——将灭火剂（如水）直接喷洒到燃烧物上，把燃烧物的温度降低到其燃点以下，使燃烧停止，或者将灭火剂喷洒在火源附近的物体上，使其不受火焰辐射的威胁，避免形成新的火点等。

（2）隔离法——将正在燃烧物质和未燃烧的物质隔离，中断可燃物质的供给，使火势不能蔓延。例如，将火源附近的可燃、易燃和助燃的物品搬走，关闭可燃气体、液体管路的阀门，设法阻拦流散的液体等。

（3）窒息法——隔绝空气，使可燃物质无法获得氧化剂助燃而停止燃烧。如二氧化碳灭火器，就是利用喷射出来的灭火剂隔绝空气或降低燃烧区域空气中的含氧量，使可燃物得不到充分的氧气而熄灭。

（4）抑制法——根据燃烧的游离基连锁反应机理，将有抑制作用的灭火剂喷洒到燃烧区，使燃烧反应过程产生的游离基消失，从而终止燃烧反应。如干粉、1211等均属这类灭火剂。

（三）施工现场防火布局

1. 一般要求

（1）临时用房、临时设施的布置，应满足现场防火、灭火及人员安全疏散的要求。

（2）施工现场的出入口、围墙、围挡，场内临时道路，给水管网或管路和配电线路敷设或架设的走向、高度，施工现场办公用房、宿舍、发电机房、变配电房、可燃材料库房、易燃易爆危险品库房、可燃材料堆场及其加工场、固定动火作业场、临时消防车道、消防救援场地和消防水源等临时用房和临时设施应纳入施工现场总平面布局。

（3）施工现场出入口应满足消防车通行要求，宜在不同方向布置，其数量不宜少于两个。当确有困难只能设置一个出入口时，应在施工现场内设置满足消防车通行的环形道路。

（4）施工现场临时办公、生活、生产、物料存贮等功能区宜相对独立布置，防火间距应符合规定。

（5）固定动火作业场应布置在可燃材料堆场及其加工场、易燃易爆危险品库房等全年最小频率风向的上风侧，并宜布置在临时办公用房、宿舍、可燃材料库房、在建工程等全年最小频率风向的上风侧。

（6）易燃易爆危险品库房应远离明火作业区、人员密集区和建筑物相对集中区。

（7）可燃材料堆场及其加工场、易燃易爆危险品库房不应布置在架空电力线下。

2. 防火间距

施工现场库房、在建工程、临时用房和临时设施之间应保持一定的防火间距。防火间距的设计应符合下列要求：

（1）易燃易爆危险品库房与在建工程的防火间距不应小于15 m，可燃材料堆场及其加工场、固定动火作业场与在建工程的防火间距不应小于10 m，其他临时用房、临时设施与在建工程的防火间距不应小于6 m。

（2）当办公用房、宿舍成组布置时，其防火间距可适当减小，但应符合下列规定：

①每组临时用房的栋数不应超过 10 栋，组与组之间的防火间距不应小于 8 m。

②组内临时用房之间的防火间距不应小于 3.5 m，当建筑构件燃烧性能等级为 A 级时，其防火间距可减少到 3 m。

3. 消防车道

施工现场内应设置临时消防车道，临时消防车道与在建工程、临时用房、可燃材料堆场及其加工场的距离不宜小于 5 m，且不宜大于 40 m；施工现场周边道路满足消防车通行及灭火救援要求时，施工现场内可不设置临时消防车道。

（1）临时消防车道的设置规定

①临时消防车道宜为环形，设置环形车道确有困难时，应在消防车道尽端设置尺寸不小于 12×12 m 的回车场。

②临时消防车道的净宽度和净空高度均不应小于 4 m。

③临时消防车道的右侧应设置消防车行进路线指示标志。

④临时消防车道路基、路面及其下部设施应能承受消防车通行压力及工作荷载。

（2）下列建筑应设置环形临时消防车道，设置环形临时消防车道确有困难时，应按规定设置临时消防救援场地：

①建筑高度大于 24 m 的在建工程。

②建筑工程单体占地面积大于 3 000 m^2 的在建工程。

③超过 10 栋，且成组布置的临时用房。

（3）临时消防救援场地的设置规定

①临时消防救援场地应在在建工程装饰装修阶段设置。

②临时消防救援场地应设置在成组布置的临时用房场地的长边一侧及在建工程的长边一侧。

③临时救援场地宽度应满足消防车正常操作要求，且不应小于 6 m，与在建工程外脚手架的净距不宜小于 2 m，且不宜超过 6 m。

（四）临时用房防火

临时用房应采取可靠的防火分隔和安全疏散等防火技术措施，防火设计应根据其使用性质及火灾危险性等情况进行确定。

1. 宿舍、办公用房的防火

宿舍、办公用房等临时用房的防火设计应符合下列规定：

（1）建筑构件的燃烧性能等级应为 A 级。当采用金属夹芯板材时，其芯材的燃烧性能等级应为 A 级。

（2）建筑层数不应超过 3 层，每层建筑面积不应大于 300 m²。

（3）层数为 3 层或每层建筑面积大于 200 m² 时，应设置至少两部疏散楼梯，房间疏散门至疏散楼梯的最大距离不应大于 25 m。

（4）单面布置用房时，疏散走道的净宽度不应小于 1.0 m；双面布置用房时，疏散走道的净宽度不应小于 1.5 m。

（5）疏散楼梯的净宽度不应小于疏散走道的净宽度。

（6）宿舍房间的建筑面积不应大于 30 m²，其他房间的建筑面积不宜大于 100 m²。

（7）房间内任一点至最近疏散门的距离不应大于 15 m，房门的净宽度不应小于 0.8 m；房间建筑面积超过 50 m² 时，房门的净宽度不应小于 1.2 m。

（8）隔墙应从楼地面基层隔断至顶板基层底面。

（9）宿舍、办公用房不应与厨房操作间、锅炉房、变配电房等组合建造。

（10）会议室、文化娱乐室等人员密集的房间应设置在临时用房的第一层，其疏散门应向疏散方向开启。

2. 易燃易爆库房的防火

发电机房、变配电房、厨房操作间、锅炉房、可燃材料库房及易燃易爆危险品库房的防火设计应符合下列规定：

（1）建筑构件的燃烧性能等级应为 A 级。

（2）层数应为 1 层，建筑面积不应大于 200 m²。

（3）可燃材料库房单个房间的建筑面积不应超过 30 m²，易燃易爆危险品库房单个房间的建筑面积不应超过 20 m²。

（4）房间内任一点至最近疏散门的距离不应大于 10 m，房门的净宽度不应小于 0.8 m。

（五）在建工程防火

在建工程应采取可靠的防火分隔和安全疏散等防火技术措施，其防火设计应根据施工性质、建筑高度、建筑规模及结构特点等情况进行确定。

1. 临时疏散通道的设置

在建工程作业场所的临时疏散通道应采用不燃、难燃材料建造，并应与在建工程结构施工同步设置，也可利用在建工程施工完毕的水平结构、楼梯。在建工程作业场所临时疏散通道的设置应符合下列规定：

（1）耐火极限不应低于 0.5 h。

（2）设置在地面上的临时疏散通道，其净宽度不应小于 1.5 m；利用在建工程施工完毕的水平结构、楼梯做临时疏散通道时，其净宽度不宜小于 1.0 m；用于疏散的爬梯及设置在脚手架上的临时疏散通道，其净宽度不应小于 0.6 m。

（3）临时疏散通道为坡道，且坡度大于25°时，应修建楼梯或台阶踏步或设置防滑条。

（4）临时疏散通道不宜采用爬梯，确须采用时，应采取可靠固定措施。

（5）临时疏散通道的侧面为临空面时，应沿临空面设置高度不小于 1.2 m 的防护栏杆。

（6）临时疏散通道设置在脚手架上时，脚手架应采用不燃材料搭设。

（7）临时疏散通道应设置明显的疏散指示标志。

（8）临时疏散通道应设置照明设施。

2. 既有建筑进行扩改建施工的防火要求

既有建筑进行扩建、改建施工时，必须明确划分施工区和非施工区。施工区不得营业、使用和居住；非施工区继续营业、使用和居住时，应符合下列规定：

（1）施工区和非施工区之间应采用不开设门、窗、洞口的耐火极限不低于 3.0 h 的不燃烧体隔墙进行防火分隔。

（2）非施工区内的消防设施应完好和有效，疏散通道应保持畅通，并应落实日常值班及消防安全管理制度。

（3）施工区的消防安全应配有专人值守，发生火情应能立即处置。

（4）施工单位应向居住和使用者进行消防宣传教育，告知建筑消防设施、疏散通道的位置及使用方法，同时应组织疏散演练。

3. 脚手架的防火要求

（1）外脚手架搭设不应影响安全疏散、消防车正常通行及灭火救援操作，外脚手架搭设长度不应超过该建筑物外立面周长的 1/2。

（2）外脚手架、支模架的架体宜采用不燃或难燃材料搭设，高层建筑、既有建筑改造工程的外脚手架、支模架的架体应采用不燃材料搭设。

（3）高层建筑外脚手架的安全防护网、既有建筑外墙改造时，其外脚手架的安全防护网和临时疏散通道的安全防护网应采用阻燃型安全防护网。

4. 作业场所的防火要求

（1）作业场所应设置明显的疏散指示标志，其指示方向应指向最近的临时疏散通道入口。

（2）作业层的醒目位置应设置安全疏散示意图。

三、卫生与防疫

（一）卫生保健

1. 施工现场宜设置卫生保健室，配备保健医药箱、常用药及绷带、止血带、颈托、担架等急救器材。

2. 施工现场宜配备兼职或专职急救人员，处理伤员和负责职工保健，对生活卫生进行监督和定期检查食堂、饮食等卫生情况。

3. 施工现场应利用黑板报、宣传栏等形式向职工介绍卫生防疫的知识和方法，针对季节性流行病、传染病等做好对职工卫生防病的宣传教育工作。

4. 当施工现场人员发生法定传染病、食物中毒、急性职业中毒时，必须在2小时内向事故发生地建设主管部门和卫生防疫部门报告，并应积极配合调查处理。

5. 现场施工人员患有法定的传染病或病原携带者时，应及时进行隔离，并由卫生防疫部门进行处置。

6. 施工单位在下列高温天气期间，应当合理安排工作时间，减轻劳动强度，采取有效措施，保障劳动者身体健康和生命安全：

（1）日最高气温达到40℃以上，应当停止当日室外露天作业。

（2）日最高气温达到37℃以上、40℃以下时，用人单位全天安排劳动者室外露天作业时间累计不得超过6小时，连续作业时间不得超过国家规定，且在气温最高时段3小时内不得安排室外露天作业。

（3）日最高气温达到35℃以上、37℃以下时，用人单位应当采取换班轮休等方式，缩短劳动者连续作业时间，并且不得安排室外露天作业劳动者加班。

（二）现场保洁

1. 办公生活区应设专职或兼职保洁员，负责卫生清扫和保洁。
2. 办公生活区应采取灭鼠、蚊、蝇、蟑螂等措施，并定期投放和喷洒药物。

（三）食堂卫生

1. 食堂应取得相关部门颁发的许可证，制定食堂卫生制度，认真落实《食品安全法》及其实施条例的具体要求。

2. 炊事人员必须体检合格并持证上岗，上岗应穿戴洁净的工作服、工作帽和口罩，并保持个人卫生。

3. 非炊事人员不得随意进入食堂制作间。

4. 食堂的炊具、餐具和饮水器皿必须及时清洗消毒。

5. 施工现场应加强食品、原料的进货管理，做好进货登记，严禁购买无照、无证商贩经营的食品和原料，施工现场的食堂严禁出售变质食品。

6. 建筑工地食堂要依据食品安全事故处理的有关规定，制订食品安全事故应急预案，提高防控食品安全事故能力和水平。

（四）饮水卫生

1. 施工现场饮水可采用市政水源或自备水源。

2. 生活饮用水池（箱）应与其他用水的水池（箱）分开设置，且应有明显的标志。

3. 生活饮用水池（箱）应采用独立的结构形式，不宜埋地设置，并应采取防污染措施。

4. 生活区应设置开水炉、电热水器或保温水桶，施工区应配备流动保温水桶。开水炉、电热水器、保温水桶应上锁由专人负责管理。

四、职业健康

职业健康是研究并预防因工作导致的疾病，防止原有疾病恶化。职业健康研究以职工的健康在职业活动过程中免受有害因素侵害为目的，包括劳动环境对劳动者健康的影响以及防止职业性危害的对策。

（一）职业病危害防控措施

1. 预防控制原则

工程项目部应根据施工现场职业病危害的特点，采取以下职业病危害防护措施：

（1）选择不产生或少产生职业病危害的建筑材料、施工设备和施工工艺。

（2）配备有效的职业病危害防护设施，使工作场所职业病危害因素的浓度（或强度）符合《工作场所有害因素职业接触限值第1部分：化学有害因素》（GBZ 2.1）和《工作场所有害因素职业接触限值第2部分：物理因素》（GBZ 2.2）等标准要求。

（3）职业病防护设施应进行经常性的维护、检修，确保其处于正常状态。

（4）配备有效的个人防护用品。个人防护用品必须保证选型正确、维护得当。建立、健全个人防护用品的采购、验收、保管、发放、使用、更换、报废等管理制度，并建立发放台账。

（5）制定合理的劳动制度，加强施工过程职业卫生管理和教育培训。

（6）可能产生急性健康损害的施工现场设置检测报警装置、警示标志、紧急撤离通道和泄险区域等。

2. 防尘技术措施

（1）技术革新。采取不产生或少生产粉尘的施工工艺、施工设备和工具。

（2）采用无危害或危害较小的建筑材料，如不使用含有石棉的建筑材料。

（3）采用机械化、自动化或密闭隔离操作。如对施工机械驾驶室密闭隔离。

（4）采取湿式作业。如钻孔采用湿式钻孔。

（5）设置局部防尘设施和净化排放装置，如凿岩机、钻孔机等设置捕尘器。

（6）劳动者作业时应在上风向操作。

（7）在施工区域设置警示标志，禁止无关人员进入。

（8）根据粉尘的种类和浓度为劳动者配备合适的呼吸防护用品，并定期更换。

（9）防尘接触人员特别是石棉防尘接触人员应做好戒烟/控烟教育。

（10）认真执行《石棉作业职业卫生管理规范》（GBZ/T 193）等有关规范标准。

3. 防毒技术措施

（1）优先选用无毒建筑材料，用无毒材料替代有毒材料、低毒材料替代高毒材料。

（2）尽可能采用降低工作场所化学毒物浓度的施工工艺和施工技术，使劳动者不接触或少接触高毒物品。

（3）设置有效通风装置，保证足够的新风量。

（4）使用有毒化学物品时，劳动者应正确使用施工工具，在作业点上风向施工。

（5）使用有毒物品的工作场所应设置黄色区域警戒线、警示标志和中文警示说明。

（6）施工现场附近设置盥洗设备，配备个人专用更衣箱。

（7）配备有效的防毒口罩（或防毒面罩）、防护眼镜及防护服等防护用品。

（8）进行职业卫生培训，确保高毒物品作业人员考核合格后，方可上岗作业。

（9）劳动者严格遵守职业卫生管理制度和安全生产操作规程。

（10）工程项目应定期对工作场所的重点化学毒物进行检测、评价。

（11）不得安排未成年工和孕期、哺乳期的女职工从事接触有毒化学品的作业。

4. 防噪声危害的技术措施

噪声的治理要从消除和减弱噪声源、控制噪声传播、加强个人防护三个方面进行，其控制措施主要包括：

（1）选用低噪声施工设备和施工工艺，如使用低噪声的混凝土振动棒、风机等。

（2）对高噪声施工设备采取隔声、消声、隔振降噪等措施，将噪声声源与劳动者隔开。

（3）尽可能降低高噪声设备作业点的密度。

（4）噪声超过 85 dB（A）的设施场所，应为劳动者配备有足够衰减值、佩戴舒适的护耳器，减少噪声作业时间，实施听力保护计划。

5. 防止振动危害的技术措施

振动危害的治理也要从消除和减弱振动源、控制振动传播、加强个人防护三个方面着手，其主要控制措施包括：

（1）应加强施工工艺、设备和工具的更新、改造。

（2）手动工具的金属部件改用塑料或橡胶，减少因撞击而产生的振动。

（3）手持振动工具安装防震手柄，劳动者应戴防震手套，驾驶室设置减振措施。

（4）减少手持振动工具的重量，改善手持工具的作业体位。

（5）采取轮流作业方式，减少劳动者接触振动的时间。

6. 防暑降温措施

（1）夏季高温季节应合理调节作息时间，并避开中午高温时间施工。

（2）降低劳动者的劳动强度，采取轮流作业方式，增加工间休息次数和休息时间。

（3）各种机械和运输车辆的操作室或驾驶室应设置空调。

（4）在罐、釜等容器内作业时，应采取措施，做好通风和降温作业。

（5）在施工现场附近设置工间休息室和浴室，休息室内配备空调或电扇。

（6）夏季高温季节为劳动者提供含盐清凉饮料（含盐量为 0.1%～0.2%）。

（7）定期进行职业健康检查，发现有职业禁忌者应及时调离高温作业岗位。

7. 其他危害因素的预防控制措施

密闭作业、紫外线作业、电离辐射作业、高/低气压作业、高处作业和生物因素影响等危害因素影响下的作业，要按照职业病危害防控原则，执行有关规范标准，做好相应防护措施。

（二）职业健康监护

职业健康监护是职业危害防治的一项主要内容。通过健康监护起到保护员工健康、提高员工健康素质的作用，也便于早期发现疑似职业病病人，使其在早期得到治疗。职业健康监护工作必须有专职人员负责，并建立健全职业健康监护档案。职业健康监护档案包括劳动者的职业史、职业危害接触史、职业健康检查结果和职业病诊疗等有关个人健康资料。

职业健康监护的主要管理工作内容包括：

1. 按职业卫生有关法规标准的规定组织接触职业危害的作业人员进行上岗前职业健康体检。

2. 按规定组织接触职业危害的作业人员进行在岗期间职业健康体检。

3. 按规定组织接触职业危害的作业人员进行离岗职业健康体检。

4. 禁止有职业禁忌证的劳动者从事其所禁忌的职业活动。

5. 调离并妥善安置有职业健康损害的作业人员。

6. 未进行离岗职业健康体检，不得解除或者终止劳动合同。

7. 职业健康监护档案应符合要求，并妥善保管。

8. 无偿为劳动者提供职业健康监护档案复印件。

（三）职业病应急救援

针对施工现场可能出现的突发性职业病，应有如下应急救援措施：

1. 工程项目部应建立应急救援机构或组织。

2. 工程项目部应根据不同施工阶段可能发生的各种职业病危害事故制订相应的应急救援预案，并定期组织演练，及时修订应急救援预案。

3. 按照应急救援预案要求，合理配备快速检测设备、急救药品、通信工具、交通工具、照明装置、个人防护用品等应急救援装备。

4. 可能突然泄漏大量有毒化学品或者易造成急性中毒的施工现场，应设置自动检测报警装置、事故通风设施、冲洗设备（沐浴器、洗眼器和洗手池）、应急撤离通道和必要的泄险区。除为劳动者配备常规个人防护用品外，还应在施工现场醒目位置放置必需的防毒用具，以备逃生、抢救时应急使用，并设有专人管理和维护，保证其处于良好待用状态。应急撤离通道应保持通畅。

5. 施工现场应配备受过专业训练的急救员，配备急救箱、担架、毯子和其他急救用品，急救箱内应有明确的使用说明，并由受过急救培训的人员进行定期检查和更换。超过200人的施工工地应配备急救室。

6. 根据施工现场可能发生的职业病危害事故，对全体劳动者进行有针对性的应急救援培训，使劳动者掌握事故预防和自救互救等应急处理能力，避免盲目救治。

7. 应与就近医疗机构建立合作关系，以便发生急性职业病危害事故时能够及时获得医疗救援援助。

五、环境保护

施工企业应当按照《环境保护法》《大气污染防治法》《固体废物污染环境防治法》《环境噪声污染防治法》等法律法规要求，保护和改善施工现场环境，防治扬尘、噪声等各类污染。

（一）防治施工扬尘污染

1. 施工现场的主要道路要进行硬化处理，定期清扫、洒水；裸露的场地和堆放的土方应采取覆盖、固化或绿化等措施。
2. 市政道路施工进行铣刨、切割以及拆除建筑物或构筑物等作业时，应采用隔离、洒水等防止扬尘措施，并应在规定期限内将废弃物清理完毕。
3. 从事土方、渣土和施工垃圾运输应采用密闭式运输车辆或采取覆盖措施；施工现场出口处应设置车辆冲洗设施，并应对驶出的车辆进行清洗。
4. 在规定区域内的施工现场应使用预拌制混凝土及预拌砂浆，采用现场搅拌混凝土或砂浆的场所应采取封闭、降尘、降噪措施，水泥和其他易飞扬的细颗粒建筑材料应密闭存放或采取覆盖等措施。
5. 建筑物内施工垃圾的清运，应采用专用封闭式容器吊运或传送，严禁凌空抛撒。
6. 施工现场应设置密闭式垃圾站，施工垃圾、生活垃圾应分类存放，并及时清运出场。
7. 拆除建筑物或者构筑物时，应采用隔离、洒水等降噪、降尘措施，并及时清理废弃物。

（二）防治大气污染

1. 严禁在施工现场焚烧各类废弃物，不得在施工现场熔融沥青。
2. 城区、旅游景点、疗养区、重点文物保护地及人口密集区的施工现场应使用清洁能源。
3. 施工现场的机械设备、车辆的尾气排放应符合国家环保排放标准要求。
4. 当环境空气质量指数达到中度及以上的污染时，施工现场应增加洒水频次，加强覆盖措施，减少易造成大气污染的施工作业。

（三）防治水土污染

1. 废弃的降水井应及时回填，并应封闭井口，防止污染地下水。
2. 施工现场应设置排水沟及沉淀池，施工污水经沉淀后方可排入市政污水管道或河流。

3. 施工现场临时厕所的化粪池应进行防渗漏处理。

4. 施工现场存放的油料和化学溶剂等物品应设置专用库房,地面应进行防渗漏处理。

5. 食堂应设置隔油池,并应定期清理。

6. 施工现场的危险废物应按国家有关规定处理,严禁填埋。

(四)防治噪声和光线污染

1. 施工现场场界噪声排放应符合现行国家标准《建筑施工场界环境噪声排放标准》(GB 12523)的规定。施工现场应对场界噪声排放进行监测、记录和控制,并应采取降低噪声的措施。

2. 施工现场宜选用低噪声、低振动的设备,强噪声设备宜设置在远离居民区的一侧,并应采用隔声、吸声材料搭设的防护棚或屏障。

3. 对因生产工艺要求或其他特殊需要,确须在夜间进行强噪声施工的,应尽量采取降噪措施,事先做好周围群众的工作,施工前建设单位应向有关部门提出申请,经批准后方可进行施工。

4. 夜间运输材料的车辆进入施工现场,严禁鸣笛,装卸材料应做到轻拿轻放。

5. 建筑施工现场边界线处的等效声级测量应当按照《建筑施工场界噪声测量方法》(GB 12524)确定的方法进行。

6. 夜间施工严格按照建设主管部门和有关部门的规定执行,对施工照明器具的种类、灯光亮度加以严格控制,特别是在城市市区居民居住区内,减少施工照明对城市居民的危害。

第六章 建筑施工安全生产应急管理

第一节 建筑施工安全生产应急体系

安全生产是建筑工程施工顺利完成的保障，建筑施工安全生产应急管理是安全生产中的重要组成部分。近年来，建筑行业按照党中央、国务院的部署，贯彻落实预案、体制、机制、法治建设，在应急管理体制建设、专项应急预案制订、应急演练、应急救援等方面均有显著进步，应急管理水平明显提高，安全生产应急管理工作取得长足发展。

一、建筑施工安全生产应急管理体系基本框架

从整体来看，应急管理工作是在深入总结群众实践经验的基础上，制订各级各类应急预案，形成应急管理体制、机制，并且最终上升为一系列的法律法规和规章，使突发事件应对工作基本上做到有章可循、有法可依。由此，应急预案，应急管理体制、机制和法制合称"一案三制"，共同构成了我国应急管理体系的基本框架。"一案三制"是基于四个维度的一个综合体系：体制是基础，机制是关键，法制是保障，预案是前提。它们具有各自不同的内涵特征和功能定位，是应急管理体系不可分割的核心要素。

对于建筑行业，从宏观层面来看，建筑施工安全生产应急管理体系建设也同样围绕"一案三制"展开；从微观层面来看，作为建筑施工企业及项目部应在国家应急管理体系的基础之上，根据企业的自身规模、业务类型、市场环境等条件，通过全面的危险源分析，建立起适应企业特点并重点针对建筑施工现场的应急管理体系。建筑施工安全生产应急管理体系的构建，可以为建筑施工安全生产应急管理工作的有序、有效开展提供保障。

（一）建筑施工安全生产应急预案

建筑施工安全生产应急预案是建筑企业针对在施工项目现场可能发生的重大事故（件）或灾害，为保证迅速、有序、有效地开展应急与救援行动，降低事故人员伤亡和财产损失而预先制订的有针对性的工作方案。

应急预案在应急管理系统中起着关键作用，是各类突发重大事故的应急基础。应急预案明确了应急救援的职责体系、应急程序和措施、保障等，有利于培训和演习工作的开展，

有利于做出及时的应急响应,降低事故后果。应急预案的管理包括预案的编制和公布、预案的培训演练、预案的评估和修订等。建立健全和完善应急预案体系,就是要建立"纵向到底,横向到边"的预案体系。所谓"纵",就是按垂直管理的要求,从国家到省到市、县、乡镇各级政府和基层单位都要制订应急预案,不可出现断层;所谓"横",就是所有种类的突发事件都要有部门管,都要制订专项预案和部门预案,不可或缺。相关预案之间要做到互相衔接、逐级细化。

在国务院统一领导下,建设部对各地区建设行政主管部门建立和完善建设工程重大质量安全事故应急体系和应急预案以及实施进行指导、协调和监督;县级以上地方人民政府建设行政主管部门负责建立和拟定本地区建设工程重大质量安全事故应急体系和应急预案,并负责应急预案批准后的组织实施工作;各施工、产权和物业管理等单位根据本地区建设行政主管部门制订的应急预案的原则,制订本单位质量安全事故应急救援预案,建立应急救援组织或者配备应急救援人员。从国务院及其相关部门至建筑施工企业制订的应急预案,从上至下相互衔接,形成了我国建筑施工安全生产应急预案体系。

建筑施工企业应急预案体系主要由综合应急预案、专项应急预案和现场处置方案三类构成。

(二)建筑施工安全生产应急管理体制

应急管理体制包括应急管理机构设置、职责划分及其相应的制度建设。我国应急管理体制建设的重点主要是建立健全集中统一、坚强有力的组织指挥机构,发挥我们国家的政治优势和组织优势,形成强大的社会动员体系;建立健全以事发地党委、政府为主,有关部门和相关地区协调配合的领导责任制;建立健全应急处置的专业队伍、专家队伍。

从宏观层面的政府机构设置来看,我国针对突发公共事件的应急管理组织体系由领导机构、办事机构、工作机构、地方机构和专家组构成。全国安全生产事故灾难应急救援组织体系由国务院安委会、国务院有关部门、地方各级人民政府安全生产事故灾难应急领导机构、综合协调指挥机构、专业协调指挥机构、应急支持保障部门、应急救援队伍和生产经营单位组成。国家安全生产事故灾难应急领导机构为国务院安委会,综合协调指挥机构为国务院安委会办公室,国家安全生产应急救援指挥中心具体承担安全生产事故灾难应急管理工作,专业协调指挥机构为国务院有关部门管理的专业领域应急救援指挥机构。地方各级人民政府的安全生产事故灾难应急机构由地方政府确定。应急救援队伍主要包括消防部队、专业应急救援队伍、生产经营单位的应急救援队伍、社会力量、志愿者队伍及有关国际救援力量等。国务院安委会各成员单位按照职责履行本部门的安全生产事故灾难应急救援和保障方面的职责，负责制订、管理并实施有关应急预案。我国建筑施工安全生产应急管理体制宏观上与国家突发事件应急管理体制相一致。

从微观层面的制度建设来看，建筑施工企业实行安全生产岗位责任制，决策层、管理层、实施层的各级岗位各司其职，明确参与人员的职责与权限并落实到人；落实应急管理规章制度，从应急预案的编制、实施，参与应急救援演习人员、应急救援物资储备、应急演练种类、应急演练方式、应急演练次数、应急预案的修改完善等方面详细规定；加强过程管理，采用定期检查和不定期抽查相结合的方式，检查应急管理规章制度的实施状态、与上级主管部门的衔接、安全隐患的排查与整改措施、应急救援队伍和物资的准备情况，降低因管理疏漏发生事故的概率；开展全员安全生产应急管理教育，提高队伍素质，预防事故的发生；确认事故发生后的性质和影响程度，控制事故的影响范围、协调应急队伍的运转效率以及次生灾害产生的影响。

（三）建筑施工安全生产应急管理机制

应急管理运行机制以基本的运作流程为基础，一般是以应急管理的主要环节——应急预防、应急准备、应急响应和应急恢复为主线。建立和完善应急管理机制，主要是要建立健全监测预警机制、信息报告机制、应急决策和协调机制、分级负责和响应机制、公众的沟通与动员机制、资源的配置与征用机制、奖惩机制和城乡社区管理机制等。

建筑施工安全生产应急管理的运作流程是建筑施工企业在突发安全事件发生前、发生时、发生后进行应急管理的具体措施和步骤。建筑施工安全生产应急管理的运作流程按过程可分为监控、预警、应急准备、接警、判断响应级别、启动应急预案、开展救援行动、事态控制、应急恢复和应急结束等。

建筑施工企业在日常的应急管理过程中，要对各个环节和节点进行24h全天候监控，并及时收集监控信息，进而依据监控信息进行预警，认识和辨别出突发安全事件潜伏期的各种症状并采取措施尽可能防止安全事故的发生，具体包括危险源辨识、隐患排查、风险评估和事故预测等环节。在预测出可能发生安全事故的基础上，就要做相应的应急准备工作，包括发布预警信息，组织应急演习、培训，订立应急预案，准备应急人员、物资四个方面。突发安全事故发生后，项目部接到报警，应立即建立与企业应急指挥中心的联系，根据事故报告的详细信息，对警情做出判断，由现场指挥人员初步确定相应的响应级别，启动相应的应急预案。项目部应急机构人员到位，开通信息与通信网络，调配救援所需的应急资源（包括应急队伍和物质、装备等），派出现场专家组等。应急救援小组及时进入事故现场，积极开展医疗救护、工程抢险等应急救援工作，专家组为救援决策提供建议和技术支持。当事态仍无法得到有效控制时,须向上级救援机构请求实施扩大应急响应。救援行动完成后,进入应急恢复阶段,包括现场清理、善后处理和事故调查等。最后应急结束,总结经验和教训,评估应急能力。

(四)建筑施工企业安全生产应急管理体系的构建策略

建筑施工项目突发生产安全事故后,应急管理的第一责任主体首先是建筑施工企业及其项目部。本书内容也是重点围绕建筑施工企业及其项目部如何应对施工现场突发生产安全事故展开的。作为建筑施工企业,安全生产应急管理体系的构建应遵循以下基本策略:

1. 全程化的应急管理

在制度上预防,于过程中控制,完善后期评估与总结,进行全程管理。建筑施工安全生产应急管理应贯穿于建筑施工全过程,在施工的每一阶段,都要实施监测、预警、干预或控制等缓解性措施。及时准确地分析建筑工程项目危险源、性质及危害程度,恰当地选择应急方案,是及时避免建筑工程项目生产安全事故突发和实现全过程管理的关键点。

2. 全员的应急管理

培育健康的企业文化,以增进企业全体员工的应急理念和提高面对突发生产安全事故的勇气。在企业上下凝聚共识、形成合力的情况下,共同抵抗突发生产安全事故冲击的能量是巨大的。

3. 整合的应急管理

要合理整合各类资源,应与企业之外的组织或单位维持良好的互动关系,实现跨组织合作对象的多元化,彼此合作,争取更多的社会资源,提升企业应对建筑施工项目突发生产安全事故的实力。

4. 集权化的应急管理

要建立健全建筑工程项目突发生产安全事故应急组织机构和责任制度,理清组织隶属关系,明确权责,增加组织成员间的协调合作,夯实消除建筑施工项目突发生产安全事故的组织基础。

5. 全面化的应急管理

建筑施工企业要不断吸收外部的新知识,建立学习型组织,确保应急管理能够识别面临的一切危险源,能够涵盖所有环节中的一切危险源,提升建筑施工项目突发生产安全事故的预见性,防止其发生与发展。

二、建筑施工安全生产应急管理制度

应急管理制度是建筑施工企业管理制度的重要组成部分,是工程项目管理的重要内容,是安全生产的重要保障,也是每位员工应对突发事件时必须共同遵守的行为规范和准则。应急管理制度起源于有效的应急管理方法,是通过将生产实践中行之有效的应急措施和办法制定成统一标准来实现应急管理工作的标准化、规范化。建筑施工企业应从对突发事件的随机零散管理向集中有序管理改进,从被动应付型向主动保障型转变,建立一套有效的应急管理制度,从制度层面保障应急管理工作的实施。

(一)建筑施工安全生产应急管理制度制定的原则

应急管理制度制定实施后,既要保持相对稳定,又不能一成不变。要以严肃、认真、谨慎的态度,经过不断实践,总结经验教训,对应急管理制度不断增加新的内容。有关人员要认真总结每一次突发事件应对的情况,把存在的问题逐级反馈,以便对应急管理制度做及时的修正和改进。总的来说,制定应急管理制度应该遵循以下原则和要求:

1.制度要具有针对性。制度要简单明了、易懂易记,切忌冗长烦琐、用词晦涩,难以理解;弄清各项制度的对象,增强针对性,避免出现分工不清、责任不明现象。

2.制度应有可操作性。每一个项目可以调配的资源都是有限的,应急能力也参差不齐,制度规定要符合实际,不能脱离实际。

3.保证制度有效实施。制度的公布执行,必须有其严肃性和约束力,切勿走形式。通过严格奖罚以保证制度全面有效地实施,要求明确制定专门的奖罚制度以支持整套制度的有效实施。同时也要有一定的弹性,使应急人员可以相机行事。

4.强化相关宣传培训。要重视宣传和教育培训,缩短员工素质与制度要求之间的差距。

(二)建筑施工安全生产应急管理制度的内容

应急管理制度是建筑施工企业为应对突发事件而采取的组织方法。应急管理涉及的相关主体众多,应急管理工作内容也极为丰富,制度的内容应该充分体现各相关方的协调和应急管理工作的顺利进行。根据有关法律法规的要求和应急管理的特点,建筑施工企业针对工程项目现场的应急管理制度主要包括以下六项。

1.应急管理责任制度

应急管理责任制度是建筑施工现场各项应急管理制度中最基本的一项制度。应急管理责任制度作为保障突发事件应对的重要组织手段,其内容包括对施工现场应急管理的管理要求、职责权限、工作内容和工作程序，应急管理工作的分解落实、监督检查、考核奖罚做出具体规定，形成文件并组织实施，确保每位员工在自己的岗位上认真履行各自的职责。

2. 教育培训制度

人员的教育培训是提高全员应急意识和应急能力的基础性工作，是应急管理的重要环节。教育培训的对象是施工现场的全体人员，上至项目经理，下至现场操作人员。施工现场人员应根据工程项目的施工部位和施工进度有针对性地接受教育培训，并通过相应的考核。教育培训制度对具体的教育培训对象、组织实施、形式和内容做出详细的规定，最大限度保障人员应急时的需要。

3. 危险源管理制度

危险源管理是应急管理的重要内容之一。危险源管理制度是对建筑施工现场所涉及各类危险源的识别及处理的具体规定。以制度的形式对建筑施工危险源进行风险管控，可以保证该项工作的规范化和科学化。危险源管理制度具体包括危险源的辨识与分析、险评估、监控预警、控制实施以及危险源的信息管理和档案管理等方面的内容规定。

4. 应急预案管理制度

根据《突发事件应对法》和《建设工程安全生产管理条例》的具体要求，建筑施工企业应根据本企业和工程项目的实际情况编制应急预案并形成体系。应急预案管理制度具体规定应急预案的编制要求、编制程序、编制内容、预案启动情形、预案的改进和管理等内容。应急预案管理制度的确立可以有效保证建筑施工企业应急预案的编制按照要求进行，保证预案的形式和内容标准化、规范化。

5. 应急救援制度

应急救援制度是各项应急管理制度中最重要的一项制度，其他制度的制定最终还是为应急救援服务。应急救援制度具体指导应急救援行动的实施，是现场人员采取救援行动的行为准则和规范。应急救援制度要对救援的形式、工作程序、工作内容、人员的职责权限，以及救援过程中的决策指挥权、不同主体间的协调、救援的优先级等做出具体规定。

6. 善后处置制度

善后处置制度是应急管理制度的内容之一。施工企业必须对突发事件造成的财产损失和人员伤亡进行登记、报告、调查、处理和统计分析，总结和吸取突发事件应对的经验教训。同时还应该调查清楚事故原因，追究相关人的责任，尽快清理事故现场恢复正常的工程建设秩序。善后处置制度就是要对上述的内容做出详细的规定，以规范工作程序和方法。

三、建筑施工安全生产应急管理组织结构

（一）建筑施工安全生产应急管理组织形式

组织形式也称组织结构类型，是指一个组织以什么样的结构方式去处理层次、跨度、部门设置和上下级关系。在现代建筑施工企业中，通常采用公司—项目部两个管理层次，现场项目部的组织形式与施工企业的组织形式是相互关联的，建立矩阵制的企业组织结构。项目部是施工企业派驻施工现场的组织，项目经理负责施工企业现场所有工作的实施和管理，企业为项目部的工作提供指导和各方面的支持。建筑施工企业应急管理组织形式也应遵循同样的组织设置层次，公司层面设置一级应急管理机构，工程项目部层面设置二级应急管理机构。应对突发事件时，两级机构呈联动状态，及时沟通，互相配合，积极落实各项应对措施。

应急管理有预防、准备、响应和恢复四个阶段，对应的就有日常管理状态和应急管理状态。日常管理状态下主要是应急预防和应急准备工作，可以认为是公司或项目部的日常管理工作。应急管理状态就是突发事件发生后的应对状态，此时公司和项目部由正常状态下的组织结构转换成应急反应组织结构。建筑施工企业合理的应急组织模式应当是在正常状态下不增加任何机构部门与人员和不影响各职能部门原来职责的基础上进行创建，突发事件发生时生成应急组织机构模式。

建筑施工现场发生突发事件时，项目部就是应急管理的行为主体。建筑施工现场项目部负责应急管理预防和准备阶段的工作，也是突发事件发生后的应对组织。根据工程项目规模和复杂程度的不同，会有不同的项目部组织形式，应该依据工程项目的特点和项目部的组织形式构建合理的应急管理组织。

（二）建筑施工安全生产应急管理职责

人是应急管理的关键因素，也是应急组织构成的具体内容，突发事件应对的所有工作是由应急组织来完成，但最终还是落实到人身上。为使各项工作能更好地进行，建筑施工企业应该对应急组织有明确的职责划分。

1. 指挥决策主体的职责

应急管理指挥分为公司级的应急总指挥和施工项目现场的事故现场指挥。应急总指挥在日常管理状态下的职责是定期检查各应急反应组织和部门的正常工作和应急反应准备情况。还有根据各施工场区的实际条件，努力与周边有条件的企业达成在事故应急处理中共享资源、相互帮助的应急救援协议，建立共同的应急救援网络。应急管理状态下，应急管

理总指挥的职责主要是启动应急反应组织；指挥、协调应急反应行动；协调、组织和获取应急所需要的其他资源、设备以支援现场的应急操作；组织公司总部的相关技术人员和管理人员对施工场区生产全过程各危险源进行风险评估，确定升高或降低应急警报级别；与企业外应急反应人员、部门、组织和机构进行联络；通报外部机构和决定请求外部援助。

项目经理是应急管理的现场指挥，负责施工现场突发事件应对的指挥决策工作。在日常管理状态下，项目经理组织领导各部门建立应急管理制度，进行危险源的识别与评估、应急预案的编制与管理、人员培训、应急物资准备等工作。项目经理也要负责与所属施工企业的沟通协调工作，在企业的指导和支持下完成各项应急准备工作。应急管理状态下，由项目经理与工程部、技术部、质量安全部、物资部负责人组成应急领导小组，项目经理任现场应急指挥。应急领导小组负责启动应急组织并履行以下职责：识别突发事件的性质和严重程度，做出决策并启动相应的应急预案；确保应急人员安全和应急行动的执行，做好现场指挥权转变后的移交和应急救援协助工作；做好消防、医疗、交通管制、抢险救灾等各公共救援部门的协调工作；负责突发事件的报告工作，协调好企业内部、应急组织与外部组织的关系，获取应急行动所需资源和外部援助。

2. 应急职能部门的职责

日常管理状态下，应急部门的职能和职责主要是为应对突发事件做一些准备工作。应急管理状态下，各应急职能部门的职能和职责发生了很大的变化，主要是按应急总指挥的部署，有效地组织应急反应物资资源和应急反应人力资源，及时赶赴事故现场进行应急救援，提供科学的工程技术方案和技术支持、后勤服务，协助组织事故现场的保卫工作等。

3. 应急小组的职责

应急小组要在现场应急领导小组的领导下，完成突发事件应对所要做的各项工作。在日常管理状态下，应急小组的职责包括：根据施工现场的特点对施工全过程的危险源进行科学的识别和风险评估；制订应急预案，进行各种应急反应技能的学习培训和演练；按照计划准备施工现场应急物资；对现场重大危险源进行监控。应急管理状态下，应急小组要按应急总指挥的部署，有效地进行各项应急处置工作。

四、建筑施工安全生产应急管理机制

（一）建筑施工安全生产应急管理过程

与国家突发事件应急管理过程相同，建筑施工安全生产应急管理过程也包括应急预防、应急准备、应急响应和应急恢复四个阶段。

1. 应急预防

应急预防是通过管理措施和技术手段尽可能避免突发事件，以实现本质安全的目的。建筑施工安全生产应急预防工作主要通过建筑施工现场的安全生产管理过程来实现，包括建立健全施工现场安全生产责任制度，依据建筑施工安全生产有关标准规范实施管理；通过宣传教育增加预防工程生产安全事故的常识和防范意识，提高防范能力和应急反应能力；通过规范化作业提高建筑施工安全生产工作水平，将施工现场突发生产安全事故的风险降到最低限度；通过开展安全生产检查和风险评估，及时消除事故发生隐患。

2. 应急准备

应急准备是事故发生之前采取的行动，目的是应对事故发生而提高应急行动能力及推进有效的响应工作。建筑施工企业应急准备的内容主要包括施工现场危险源的辨识和风险评价，危险源的处置，现场的监控预警，应急预案的编制、培训和演练，现场的应急教育等。同时，在开展应急能力评估的基础上，不断加强应急预案、应急队伍和应急物资等基本应急保障能力的建设。

3. 应急响应

应急响应是事故发生期间和发生后立即采取的行动，是建筑施工现场应急管理的核心，目的是保护生命，使财产、环境破坏减少到最低程度，并利于恢复。应急响应的基础是应急管理的预防和准备工作，并依赖于应急准备工作的经验积累。建筑施工企业应急响应程序按过程可分为接警、警情判断与响应决策、启动相应的应急预案、开展救援、扩大应急、应急恢复和应急结束等。同时，在应急响应过程中应按照规定及时进行事故上报，《生产安全事故报告和调查处理条例》规定：事故发生后，事故现场有关人员应当立即向本单位负责人报告，单位负责人接到报告后，应当于1h内向事故发生地县级以上人民政府安全生产监督管理部门和负有安全生产监督管理职责的有关部门报告。事故发生单位负责人接到事故报告后，应当立即启动事故相应应急预案，或者采取有效措施，组织抢救，防止事故扩大，减少人员伤亡和财产损失。

4. 应急恢复

应急恢复是使生产、生活恢复到正常状态或得到进一步的改进。建筑施工企业在应急恢复阶段应对事故发生原因、损失等进行调查，评估应对过程并修订和完善应急预案，尽快恢复工程项目正常施工。应急恢复工作主要包括：恢复与重建、人员安置赔偿、事件调查与报告、损失评估、应急预案评估和修订等环节。

(二) 建筑施工安全生产应急管理运行机制

机制指其内部组织和运行变化的规律,应急管理是一个动态过程,应急预防、应急准备、应急响应和应急恢复这四个阶段贯穿于突发事件发生前、发生中、发生后的整个过程。在实际操作中,应急管理的四个阶段并没有明确的界限,各阶段之间往往是重叠的。但是,应急管理的每一个阶段都有自己单独的目标,并且成为下一个阶段内容的一部分。建筑施工生产安全应急管理遵循同样的规律,四个阶段构成了应急管理的动态循环过程,但并不是一个简单的循环过程,而是一种持续改进的动态循环。在每次对突发安全生产事故进行应急处置之后,都要认真总结经验、吸取教训,改进管理过程,这样建筑施工安全生产应急管理就会呈现一个逐渐上升和可持续发展的过程。

(三) 建筑施工安全生产应急管理保障机制

应急管理的实施需要在人力、物力、财力、交通运输、医疗卫生、通信以及制度等方面提供保障,以保证应急救援、恢复重建等工作的需求和有序进行。建筑施工企业安全生产应急管理所需的最主要和最关键的保障要素主要包括三类,分别是制度保障、组织保障和资源保障,从制度、组织、资源三个方面为应急管理工作的开展保驾护航。

1. 制度保障

制度是要求大家共同遵守的办事规程或行动准则,它作为应急管理一项保障要素的意义就在于保证应急管理工作实施的规范化。应急管理制度一方面可以促使企业和施工现场负责人树立明确的应急管理意识,在组织生产活动的同时考虑现场应急问题;另一方面把现场组织起来,明确各员工应急管理工作内容、分工和操作程序。

2. 组织保障

组织包括组织结构和组织的人员构成两方面,它为应急管理的实施提供智力支持和组织保障。应急管理过程中,起主导和决定性作用的是人,合理的组织结构可以最大限度发挥人的作用。组织结构合理是应急管理顺利实施的前提条件,人员构成则作为具体的内容丰富了整个组织结构框架,二者结合起来形成高效运转的有机体,主导应急管理工作。

3. 资源保障

资源包括物资、资金、信息等,资源保障为突发事件的处置提供具体物资和信息,是应急管理得以进行的物质基础和信息保障。施工现场应根据实际情况,配备相应的应急资源,不能在现场配备的要寻求紧急需要时的快速供应。资源供应的准确及时、丰富与否直接关系到应急管理的成效。

五、建筑施工安全生产应急资源保障

应急资源从广义上讲,是指为了保障应急处置的顺利进行,维持人们正常生产和生活所需要的一切来源,无论是天然生成的还是被人为创造出来的,无论是现有的还是潜在的,包括人力、物力、财力资源,都可以归结到应急资源的范畴。建筑施工安全生产应急资源是指为有效开展建筑施工安全生产应急活动,保障应急行动顺利进行所需要的人力、物资、资金、信息、技术等各类资源的总和。应急资源既包括企业自有的内部资源,也包括可以调配到的其他外部资源。

(一)应急资源保障的意义

应急资源是有效应对突发事件的重要物质基础和人力保障,无论是事前的预防与准备、事中的处置与救援,还是事后的恢复与重建,都需要大量的应急资源来保障和实现。应急资源是应急管理的对象,也是有效开展应急管理的基础。应急资源对于应急管理有着至关重要的作用,品种齐全、数量充足的应急资源是应急处置的关键,对于提高应急组织综合应对能力具有十分重要的意义。

首先,应急资源是应急预案编制的基础。应急预案要根据突发事件的性质对应急资源提出供应和储备的要求,具体要求的提出必然要综合考虑成本和效益,这样预案编制就要受企业和施工现场实际的资源保障能力的约束。反过来,能在多大程度上满足需要的各类资源是应急预案编制的前提。

其次,应急资源是应急决策的保障。应急决策受事件情形、应急预案、应急资源情况的影响。应急决策要保证应急行动有足够的资源保障,没有充足的应急资源,再好的决策也只能是空谈。应急决策应结合突发事件情形,综合考虑应急资源的可获得情况提出。

最后,应急资源是应急综合能力的具体体现。应急资源越充足,应急响应的限制就越少,应急能力也就越强。

(二)应急资源保障要素的主要种类

1. 人力资源

人是应急能力建设和应急救援工作的主体力量,应急人员的素质和应急能力直接决定了安全应急管理能力和水平。从政府管理层面看,根据住建部《建设工程重大质量安全事故应急预案》,各省、自治区、直辖市建设行政主管部门要组织好三支建设工程重大质量安全事故应急工作基本人员力量:一是工程设施抢险力量,主要由施工、检修、物业等人员组成,担负事发现场的工程设施抢险和安全保障工作;二是专家咨询力量,主要由从事科研、勘察、设计、施工、质检、安监等工作的技术专家组成，担负事发现场的工程设施安全性鉴定、研究处置和应急方案、提出相应对策和意见的任务；三是应急管理力量，主要由建设行政主管部门和各级管理干部组成，担负接收同级人民政府和上级建设行政主管部门应急命令、指示，组织各有关单位对建设工程重大质量安全事故进行应急处置，并与有关单位进行协调及信息交换的任务。

从建筑施工企业应急管理角度看，人力资源管理主要包括两个方面：一方面，建筑施工企业应根据企业自身能力和项目实际情况建立高效的应急管理组织机构，配备合格的应急管理人员，明确各级应急部门和人员的工作职责，建立岗位责任制。一旦发生突发事件，企业能够按照应急预案的内容和组织分工有效地进行事件处置。另一方面，建筑施工企业应当培养和建立生产安全事故应急救援队伍，与地方各级人民政府和有关部门的应急救援组织建立联动协调机制，不断加强应急救援队伍的业务培训和应急演练等应急能力建设，提高装备水平。

2. 物质资源

物质资源是指基础设施、应急救援物资、技术装备等以物质实体形态存在的资源。物质资源是有效实施各种应急方案的物质基础，同时也是信息资源的物质载体和突发事件应急管理的物质保障。物质资源的作用在于直接满足施工现场应急的物质需求与应急人员安全需求。建筑施工现场物质资源涉及的内容非常广泛，按用途可分为防护救助、应急交通、动力照明、通信广播、设备工具和一般工程材料六大类。防护救助物资包括保护应急人员安全的器物，如安全帽、安全带、手套等，也包括抢救受伤人员用的担架、各类药物。应急交通主要指运送应急物资和受伤人员用的各种交通工具。动力照明是应对地下工程、隧道工程突发事件以及夜间突发事件所必需的。通信广播包括电话、对讲机等通信工具，人员疏散、调配用的扩音器、广播设施等。设备工具由应急处置时用的机械设备和工器具、消防灭火设施、降水排水设施等组成。一般工程材料主要有沙石、钢管、木材等应急时所需材料。

3. 资金资源

建筑施工现场突发事件的特点决定了应急资源不需要也不必要都以实物的形式存在，多种形式的应急资源更有利于资源效益的发挥。资金资源是调动外部和间接资源的总枢纽，能够扩展突发事件应急管理资源的范围和种类，是影响应急决策自由度的重要因素。资金资源是物质资源发挥效能的有益补充，同时也是人力资源和信息资源的重要保障。资金资源包括用于建筑施工现场突发事件应急管理的各种预算、专项应急资金、保险等以货币或存款形式存在的资金。

4. 信息资源

信息资源是突发事件相关信息及其传播途径、媒介、载体的总称，在突发事件应急管理中发挥着重要作用。信息资源具有双向性：一方面，应急组织要依靠信息资源组织应急工作、做出决策、采取行动；另一方面，应急组织要借助信息资源了解突发事件发展现状与趋势，进而借助信息资源驱动人力、财力、物力等资源以间接满足应急需求。信息资源的及时、客观、准确直接关系到突发事件应急管理的效率，是影响突发事件应急管理的重要因素。建筑施工现场应急管理信息包含事态信息、环境信息、资源信息和应急知识等。

（三）应急资源配置的原则

1. 效率性原则

突发事件的性质决定了效率是建筑施工现场应急管理的生命。效率性原则具体有两方面的含义：一方面，时间上的效率性至关重要，突发事件一旦发生，必须迅速反应，全面调动资源开展应急救援，缓解各类资源的供需矛盾，恢复正常的施工秩序；另一方面，资源的配置效率与使用效率不可或缺。从应急资源角度看，突发事件应急管理是一个资源供应与消耗补充的全过程，在该过程中所消耗与占用资源带来的各种成本的总和就是突发事件应急管理的成本。只有在资源配置过程中有效、合理、充分地使用资源，不断降低耗费与占用资源所带来的无效成本、沉没成本、机会成本等，才能满足效率性原则。

2. 协调性原则

突发事件应急管理的资源配置过程本身就是一个依照资源属性，对各类资源及其供给和实际需求进行协调的过程。突发事件应急管理中，各类资源的所有者性质不同、职责不同，价值与利益取向也会有所差异，而且应对突发事件的介入方式也不尽相同。有效的协调必须把个体的、局部的力量聚合成整体的力量，发挥资源整体的最大效用。突发事件应急管理资源配置必须坚持协调性原则，整合自有的和外部的各种资源，并对各级各类资源进行统一指挥、有效协调，发挥整体功效，提高资源配置效率和运行效率。

3. 管控结合原则

突发事件应急管理中的资源配置，要坚持统一指挥，注重关键资源的控制，全面提高资源配置效率。为确保对突发事件的控制，决策人员必须集中时间精力和有限资源，抓主要矛盾，确保对关键信息、应急人员、安全设施、应急救援物资等核心资源的控制，实现资源的科学优化配置与快速有效调度，保障总体局面的稳定与控制，从而为突发事件应急管理的其他工作环节提供坚实可靠的基础与强有力支撑。同时，还要围绕事态的发展变化，将以控制为主和以管理为主的两种资源配置方式统筹结合起来，这也是将突发事件应急响应与日常准备工作有机结合起来的必然要求。

第二节 建筑施工安全生产应急预案

一、建筑施工安全生产应急预案的目的、作用和分类

建筑施工安全生产应急预案是国家安全生产应急预案体系的重要组成部分。建筑企业制订安全生产应急预案是贯彻落实"安全生产、预防为主、综合治理"方针，规范建筑企业应急管理工作，提高应对和预防风险与事故的能力，保证员工生命安全，最大限度地减少财产损失、环境损害和社会影响的重要措施。

（一）建筑施工安全生产应急预案的目的

建筑工程施工过程中，脚手架搭设、模板支撑、砖砌筑等大多数工种仍是手工操作，工人劳动强度高、劳动力密集，易疏忽而酿成事故。脚手架和模板施工、建筑物内外装修、设备安装等过程大多是在高处进行，属于超过 2 m 的高处作业，危险性较高。建设工程从基础、结构到装修各阶段，因分部分项工程工序不同，施工方法不同，现场作业环境、状况和不安全因素都在不断变化，施工中多工种、多班组在同一地段交叉作业也时有发生，安全隐患多。由于建筑施工一般为露天作业，受天气、温度影响大，自然因素有可能导致事故发生。同时，建筑施工管理水平参差不齐，重效益，重工期，忽视安全生产的现象不在少数，企业的安全生产责任制和安全培训、安全检查等各项规章制度的落实不到位，违章指挥、违章作业、违反劳动纪律现象得不到及时制止，安全检查走过场，事故隐患不能及时消除。

根据建筑业的特点，可能发生的生产安全事故主要包括坍塌、火灾、中毒、爆炸、物体打击、高空坠落、机械伤害、触电、环境污染等。为了在事故发生后能及时予以控制，防止事故的蔓延，有效地组织抢险和救助，建筑施工企业应对已初步认定的危险场所和部位进行风险分析和评估。对认定的危险因素和危险源，应事先进行事故后果定量预测，估计在事故发生后的状态、人员伤亡情况和财产损失程度，以及对周边地区可能造成危害的程度。依据预测提前制订事故应急预案，组织、培训应急救援队伍和配备完善的应急救援器材。一旦发生事故，能及时、有序地按照预定方案进行有效的应急救援，在最短时间内使事故得到有效控制，最大限度地避免或减少人员伤亡和财产损失。

总之，制订事故应急预案的目的主要有以下两个方面：

1. 采取预防措施使事故控制在局部，消除蔓延条件，防止突发性重大或连锁事故发生。

2. 能在事故发生后迅速有效地控制和处理事故，尽力减轻事故对人身、财产造成的影响，保障人员生命和财产安全。

（二）建筑施工安全生产应急预案的作用

应急预案的作用重点体现在"平时牵引应急准备，战时指导救援"。建筑施工安全生产应急预案是建筑企业应急救援体系的主要组成部分，是应急救援工作的核心内容之一。建筑企业编制的各项应急预案，为帮助指导突发工程事故的应急救援行动，提高人员应急能力，及时、有序、有效地开展事故应急救援工作提供了重要保障。

建筑施工安全生产应急预案的作用主要体现在以下四个方面。

1. 建筑施工安全生产应急预案是建筑企业应急管理的依据。建筑施工安全生产应急预案规定了应急救援的范围和体系，使建筑企业的应急准备、应急管理有据可依、有章可循，尤其是培训和演练。培训可以使应急救援人员熟悉自己的任务，具备完成救援工作的技能；演练可检验预案和救援程序，评估应急救援人员的技能和整体协调性。

2. 建筑施工安全生产应急预案是建筑施工过程中各类生产安全事故的应急基础。通过编制综合预案，建筑企业明确了企业的应急救援范围和体系，明确了应急救援各方的职责和响应程序，起到了应急救援的基本指导作用。在此基础上，根据施工项目的周边环境、施工现场现状和施工特点等，有针对性地编制应对可能出现的各类安全事故的专项应急救援预案和现场处置方案，进行人员、物资、设备准备和定期组织演练。

3. 建筑施工安全生产应急预案有利于建筑企业及时做出应急救援响应，降低工程事故后果。建筑施工过程中，一旦出现险情或发生事故，应急救援行动必须快速高效，不允许有任何拖延。建筑施工安全生产应急预案明确了应急救援各方的职责和响应程序，在应急救援人员和物资、设备方面进行了充分的准备，可以指导应急救援行动及时、有序、高效地开展，最大限度地避免险情发展成为事故或是将事故造成的人员伤亡和财产损失降到最低限度。另外，依照应急预案进行有效的应急救援还会为工程事故后恢复生产创造有利条件。

4. 建筑施工安全生产应急预案有利于提高建筑企业员工的安全风险防范意识。建筑施工安全生产应急预案的编制、评审过程实质上也是建筑企业辨识企业重大风险、评价本企业应急救援能力的过程，认识本企业在应急救援方面存在的问题和不足。建筑企业通过对应急救援预案的宣传、培训和演练活动，提高企业员工的安全风险意识，增加应急救援知识，提高应急救援能力。

（三）建筑施工安全生产应急预案的分类

应急管理是一项系统工程，建筑企业的组织体系、管理模式、生产规模、风险种类不同，应急预案体系构成也不一样。建筑企业应结合本企业的实际情况，从公司、项目部、班组分别制订相应的施工安全应急预案和现场应急处置方案，形成体系，互相联结，并按照统一领导、分级负责、条块结合、属地为主的原则，同地方政府和相关部门应急预案相衔接。

建筑施工安全生产应急预案由综合应急预案、专项应急预案和现场处置方案构成，明确建筑企业在事前、事中、事后的各个过程中相关部门和人员的职责。建筑企业根据本企业组织体系、管理模式、风险种类、生产规模特点，可以对施工安全应急预案主体结构等要素进行调整。

1. 综合应急预案

综合应急预案是建筑企业从总体上阐述生产安全事故的应急方针和政策、应急组织结构和应急职责、应急行动、措施和保障的基本要求和程序，是应对生产安全事故的综合性文件。

原则上，每个建筑企业都应编制一个综合应急预案，明确建筑企业应对各类突发事件和生产安全事故的基本程序和基本要求。建筑施工安全综合应急预案的主要内容包括总则、单位概况、组织机构及职责、风险因素和风险源识别、预防与预警、应急响应、信息发布、后期处置、保障措施、培训与演练、奖惩、附则12个部分。建筑企业综合应急预案一般由建筑企业成立专门机构组织制订。

2. 专项应急预案

专项应急预案是建筑企业根据生产过程中可能遇到的突发事件和存在的风险因素、危险源，按照综合应急预案的程序和要求，为应对某一类型或某几种类型事故，或者针对重要生产设施、重大危险源、重大活动等编制的应急救援工作方案。专项应急预案用于指导可能出现的突发事件和事故制定相应的预防、处置和救援措施，可作为综合应急预案的附件并入综合应急预案。

建筑施工安全专项应急预案的主要内容包括事故类型和危害程度分析、应急处置的基本原则、组织机构及职责、预防和预警、信息报告程序、应急处置、应急物资与装备保障7个部分。建筑施工安全专项应急预案一般由企业安全生产管理部门和施工项目部组织制订。

建筑施工企业常见的事故专项应急预案主要有坍塌事故应急预案、火灾事故应急预案、高处坠落事故应急预案、中毒事故应急预案等。

3. 现场处置方案

现场处置方案是施工项目部根据项目的施工部位、施工工序、施工设备、施工工艺以及项目周边环境情况，对可能造成事故的风险因素和危险源制定的合理的、具体的、详细的、有效的处置措施。现场处置方案是应急预案的重要组成部分，其核心是施工现场一旦发生突发事件或生产安全事故，现场人员能够按照应急处理程序采取有效处置措施，迅速控制事故，最大限度减少人员伤亡和财产损失，并为事故后恢复创造有利条件。

现场处置方案应具体、简单、操作性强，主要包括事故风险分析、应急组织与职责、应急处置、注意事项等几项内容。施工项目部应对本项目进行风险评估，针对危险源逐一编制现场处置方案，通过培训和演练使相关人员应知应会，熟练掌握，做到迅速反应、正确处置。

按照事故类型划分，施工项目部现场处置方案主要包括高处坠落事故现场处置方案、物体打击事故现场处置方案、触电事故现场处置方案、机械伤害事故现场处置方案、坍塌事故现场处置方案、火灾事故现场处置方案、中毒事故现场处置方案等。

建筑施工企业在编制应急预案的基础上，可针对工作场所、岗位的特点，编制简明、实用、有效的应急处置卡。应急处置卡应当规定重点岗位、人员的应急处置程序和措施，以及相关联络人员和联系方式，便于从业人员携带。

二、建筑施工安全生产应急预案的编制

（一）建筑施工安全生产应急预案的编制原则

编制建筑施工安全生产应急预案，是建筑企业在项目施工过程中进行事故应急准备的核心工作内容之一，是开展应急救援工作的重要保障。编制应急预案不仅要遵守一定的编制程序，同时应急预案的内容也应满足下列原则。

1. 以人为本

应急预案的编制应坚持"以人为本"的基本思想，将保护人民群众的生命安全放在首要位置。

2. 依法依规

建筑施工安全生产应急预案的内容应符合国家相关法律法规、标准和规范的要求，编制工作必须遵守相关法律法规的规定，同时还必须经建筑企业负责人批准后才能实施，以保证合法合规性和权威性。

3. 符合实际

每个建筑工程施工项目都不相同，都有自己的特点，也就决定了没有通用的建筑施工安全生产应急预案。建筑企业应结合本企业的管理特点和对项目的风险分析结果，针对项目的重大危险源、可能产生的突发事件、重要施工部位、关键施工工序、管理薄弱环节等有针对性地编制，确保其有效性。针对本企业的管理状况和业务特点，制定出决策程序、处置方案和应急手段，制订出与本企业管理相适应的、有效的、先进的方案，保证应急预案具有科学性。

4. 注重实效

建筑施工安全生产应急预案是建筑企业在项目施工过程中发生事故或突发事件后进行应急救援的指导性文件，是作业指导书，在某种程度上决定了应急救援的效果。因此，建筑施工安全生产应急预案应具有可操作性或实用性，即施工现场一旦发生事故或突发事件，企业的应急组织、人员可以按照预案的规定，迅速、有序、有效地开展应急救援行动，最大限度减少人员伤亡和财产损失。

5. 协调兼容

建筑企业应急预案应与上级部门应急预案、地方政府应急预案、分支机构应急预案、项目部应急预案相互衔接，确保发生事故或突发事件时能够及时启动各方应急预案，快速、有效地进行应急救援。

（二）建筑施工安全生产应急预案的编制要求

建筑企业必须以科学的态度，在全面调查的基础上，实行企业组织与专家指导相结合的方式，开展科学分析和论证，并针对企业的客观情况编制应急预案，保证应急预案具有科学性、针对性和可操作性。

编制建筑施工安全生产应急预案的基本要求包括以下几点。

1. 分级、分类制订应急预案

建筑施工安全生产应急预案应分级、分类制订。建筑施工企业公司一级应编制综合应急预案和各类专项应急预案，项目部一级应编制专项应急预案和现场处置方案。专项应急预案和现场处置方案应根据施工现场可能发生的事故类型分类制订。

2. 做好应急预案之间的衔接

建筑企业与其他企业不同，项目部是因工程开工而组建、随工程结束而终止的，项目部的寿命短则几个月，长则几年，是一个临时性组织。每个工程项目其项目规模、施工环境、施工方法、管理人员都不同。为了确保应急预案具有针对性，不同项目部在项目开工前都应根据本项目部的实际情况制订相应的应急预案，项目的临时性决定了施工企业必须不断制订项目级应急预案。相对于项目级应急预案的临时性来说，建筑施工企业公司级应急预案相对固定，因此新组建的项目部在编制应急预案前应全面分析公司级应急预案，以公司级应急预案为编制依据，这样才能确保项目级应急预案与公司级应急预案相互衔接，在现场发生事故时事态才能得到有力控制。

3.结合企业实际情况，确定应急预案内容

建筑企业制订应急预案时一定要结合企业的实际情况，要对本企业的应急救援能力进行实事求是的评估并作为制订应急预案的基础，制定的内容一定要和本企业的应急救援能力相适应，具有针对性和可操作性。

4.应急预案内容应有较强的可读性

建筑施工现场的工人主要来自农村，其文化程度普遍偏低，识别能力不强，而且其流动性又大，学习时间少，所以项目部在编制应急预案时更应该注意预案的可读性，应做到语言简洁、通俗易懂，特别是面向操作工人的现场应急处置方案的应急组织、事故报告程序、处置措施等要素应尽量以图表的形式表达。只有做到应急预案易学、易懂、易掌握，使工人无须接受太多的培训就能掌握预案的内容，才能确保在工人频繁流动的情况下，各现场处置方案仍能稳定地起到作用。

（三）建筑施工安全生产应急预案的编制步骤

建筑施工安全生产应急预案的编制步骤包括成立应急预案编制工作组、资料收集、风险评估、应急能力评估、编制应急预案和应急预案评审6个步骤。

1.成立应急预案编制工作组

建筑企业应结合本企业职能部门设置和分工，成立以企业主要负责人为组长的应急预案编制小组，明确编制任务、职责分工，制订工作计划。以及原编制小组应由企业各方面专业人员和专家组成，包括预案制订和实施过程中所涉及或受影响的部门负责人及具体执笔人员。对于重大、重要或工程规模大、施工环境复杂的施工项目，必要时，可以要求项目所在地地方政府相关部门代表作为成员。

2.资料收集

收集应急预案编制所需的各种资料是一项非常重要的基础工作。掌握的相关资料越多，资料内容越翔实，越有利于编制高质量的应急预案。

建筑企业编制安全生产应急预案需要收集的资料包括：

（1）适用的法律法规、标准和规范。

（2）本企业相关资料，企业的管理模式、组织机构和职责、应急人员技能、应急物资数量、应急设备的状况、事故案例等。

（3）工程项目概况、结构形式、施工工序和工艺、施工机械、现场布置等。

（4）工程项目现场事故隐患排查资料、建筑工程事故资料及事故案例分析。

（5）项目所在地地质、水文、自然灾害、气象资料，道路、管线、建筑物等施工现场周边情况。

（6）项目所在地政府相关应急预案。

（7）其他相关资料。

3. 风险评估

危险源辨识和风险评估是编制应急预案的关键，所有应急预案都建立在风险评估的基础之上。建筑施工企业风险评估包括以下内容：

（1）分析本企业存在的危险因素，确定事故危险源。识别危险因素，确定危险源是风险评估的基础。建筑施工企业与其他企业不同，工作内容和工作地点是随项目的不同而不断变化的，项目的差异决定了建筑施工企业必须按项目逐一进行危险因素识别和危险源确定。

（2）分析可能发生的事故类型及后果，并判断出可能产生的次生、衍生事故。建筑施工安全事故类别主要表现为高处坠落、物体打击、触电事故、坍塌事故和机械伤害五大伤害。建筑企业应根据施工现场周边环境条件、施工现场作业环境条件、现场布置、设备布置、施工工序、管理模式等进行综合分析，确定危险源及可能产生的事故类型和后果。

在分析可能产生的事故时，一定要注重分析事故可能产生的次生事故、衍生事故。如在城市中心区施工，建筑基坑坍塌事故极有可能造成周边市政道路、供热供电供气管线和建筑物损害的次生事故，其造成的损失可能大于坍塌事故本身造成的损失。

（3）评估事故的危害程度和影响范围，提出风险防控措施。针对可能产生的事故类型，评估事故的危害程度和影响范围是制定风险防控措施的基础，制定防控措施的目的是预防事故的发生或最大限度减少事故损失，特别是防止发生人员伤亡。因此，建筑施工企业一定要根据本企业的实际情况，有针对性地制定风险防控措施，保证风险防控措施的可行性。

4. 应急资源调查

应急资源调查是指全面调查本地区、本单位第一时间可以调用的应急资源状况和合作区域内可以请求援助的应急资源状况。建筑企业应急能力评估是根据项目风险评估的结果，对建筑企业及其项目部应急能力的评估，主要包括对人员、设备等应急资源准备状况的充分性评估和进行应急救援活动所具备能力的评估。实事求是地评价本企业的应急装备、应急队伍等应急能力，明确应急救援的需求和不足，为编制应急预案奠定基础。

建筑企业应急救援能力一般包括以下几个方面：

（1）应急人员（企业和项目部的各级指挥员、应急专家、应急救援队伍等）。

（2）通信、联络和报警设备（移动电话、传真、警笛、扩音器等）。

（3）个人防护用品（安全帽、防护口罩、绝缘鞋、绝缘手套、其他辅助工具等）。

（4）应急救援设备、物资（消防设备、供电及照明设备、起重设备、沙袋等）。

（5）监测、检测设备（经纬仪、水准仪、卷尺、混凝土强度回弹仪等）。

（6）药品和救护设备。

（7）治安、保卫。

（8）保障制度（责任制，值班制度，培训制度，应急救援物资、药品、设备等检查、维护制度，演练制度等）。

（9）其他应急能力。

建筑企业应急能力评估主要包括应急制度、组织机构、风险评估、监测与预警、指挥与协调、应急预案、信息发布、应急保障等。应急能力评估可以采用检查表的形式通过专家进行打分，从而对其具有的应急能力进行评价。

5. 编制应急预案

在上述工作的基础上，针对可能发生的事故，按照有关规定编制应急预案。应急预案编制过程中，应注意全体人员的参与与培训，使所有与事故有关人员均掌握危险源的危险性、应急处置方案和技能。应急预案应充分利用社会应急资源，与地方政府预案、上级主管单位以及相关部门的预案相衔接。

建筑企业在应急预案编制过程中，应当根据法律法规、规章的规定或者实际需要，征求相关应急救援队伍、公民、法人或其他组织的意见。

6. 应急预案评审

应急预案编制完成后，建筑企业应组织评审。评审分为内部评审和外部评审，内部评审由建筑企业主要负责人组织有关部门和人员进行，外部评审由建筑企业组织外部有关专家和人员进行。应急预案评审合格后，建筑企业主要负责人签发实施，并进行备案管理。有关应急预案的评审等内容将在下一节中详细介绍。

三、建筑施工安全生产应急预案的管理

建筑施工安全生产应急预案管理工作是建筑业安全生产管理工作的重要组成部分，是

开展应急救援的一项基础性工作,是有效进行应急救援工作的重要保障,主要包括应急预案的评审和发布、应急预案备案、应急预案的宣传与培训、应急演练、应急预案的修订与更新等内容。

(一) 建筑施工安全生产应急预案的评审和发布

建筑施工安全生产应急预案的评审应由建筑企业主要负责任人组织有关部门和人员,依据《生产经营单位生产安全事故应急预案评审指南(试行)》中规定的评审方法、评审程序和评审要点进行。评审通过后,按规定报有关部门备案,并经单位主要负责人签署发布。

生产经营规模小、人员少的单位,可以采取演练的方式对应急预案进行论证,必要时应邀请相关主管部门或安全管理人员参加。

(二) 建筑施工安全生产应急预案的备案

1. 建筑施工安全生产应急预案的备案要求

(1) 生产经营单位应当在应急预案公布之日起 20 个工作日内,按照分级属地原则,向安全生产监督管理部门和有关部门进行告知性备案。

(2) 中央企业总部(上市公司)的应急预案,报国务院主管的负有安全生产监督管理职责的部门备案,并抄送中华人民共和国应急管理部;其所属单位的应急预案,报所在地的省、自治区、直辖市或者设区的市级人民政府主管的负有安全生产监督管理职责的部门备案,并抄送同级安全生产监督管理部门。

(3) 其他生产经营单位应急预案的备案,由省、自治区、直辖市人民政府负有安全生产监督管理职责的部门确定。

2. 建筑施工安全生产应急预案的备案资料

建筑企业申请应急预案备案,应当提交以下材料:

(1) 应急预案备案申请表。

(2) 应急预案评审或者论证意见。

(3) 应急预案文本及电子文档。

(4) 风险评估结果和应急资源调查清单。

受理备案登记的负有安全生产监督管理职责的部门应当在 5 个工作日内对应急预案材料进行核对,材料齐全的,应当予以备案并出具应急预案备案登记表;材料不齐全的,不予备案并一次性告知需要补齐的材料。逾期不予备案又不说明理由的,视为已经备案。

特别需要指出的是，生产经营单位未按照规定编制应急预案的及未按照规定定期组织应急预案演练的，由县级以上安全生产监督管理部门责令限期改正，可以处5万元以下罚款；逾期未改正的，责令停产停业整顿，并处5万元以上10万元以下罚款，对直接负责的主管人员和其他直接责任人员处1万元以上2万元以下的罚款。生产经营单位未按照规定进行应急预案备案的，由县级以上安全生产监督管理部门责令限期改正，可以处1万元以上3万元以下罚款。

（三）建筑施工安全生产应急预案的评估与修订

建筑企业应对应急预案实行动态管理，保证其与企业的规模、经营范围、机构设置、管理人员数量、管理效率以及应急资源等状况相一致。随着时间的迁移和企业的发展变化，应急预案中所包含的信息可能会发生变化，建筑企业应根据本企业的实际情况定期对应急预案进行评估，及时修订和更新应急预案，并按照应急预案的要求配备相应的应急物资及装备，建立使用状况档案，定期检测和维护，使其处于良好状态，保证其有效性和实效性。

有下列情形之一的，应急预案应当及时修订：

1. 本企业因兼并、重组、转制等导致隶属关系、经营方式、法定代表人发生变化的。
2. 本企业主营业务和经营范围发生变化的。
3. 周围环境发生变化，形成新的重大危险源的。
4. 应急组织指挥体系或者职责已经调整的。
5. 依据的法律法规、规章和标准发生变化的。
6. 应急预案演练评估报告要求修订的。
7. 上级管理部门要求修订的。

建筑企业应当及时向有关部门报告应急预案的修订情况，并按照有关应急预案报备程序重新备案。

第三节 建筑施工安全生产应急培训

一、培训目的

采取不同形式，开展安全生产应急管理知识、应急技能和应急预案的宣传教育培训工作，是建筑企业安全生产应急管理的基础性工作。通过宣传教育培训实现以下目的：

1. 使企业员工熟悉企业应急预案，掌握本岗位事故预防措施和具备基本应急技能。

2. 使企业应急救援人员熟悉应急救援知识，熟悉和掌握应急处置程序，提高应急救援技能。

3. 提高应急救援人员和企业员工应急意识。

二、培训内容

建筑企业应对企业管理人员、项目管理人员、应急救援人员、现场施工人员进行法律法规、安全技术知识、应急救援知识、应急救援技能、应急救援案例的办法内容的培训，重点包括以下四方面。

（一）报警

1. 使应急人员和现场施工人员了解并掌握如何利用身边的工具最快最有效地报警，比如使用移动电话（手机）、固定电话、网络或其他方式报警。

2. 使应急人员和现场施工人员熟悉发布紧急情况通告的方法，如使用警笛、警钟、电话或广播等。

3. 当事故发生后，为及时疏散事故现场的所有人员，应急队员应掌握如何在现场贴发警示标志。

（二）疏散

1. 为避免事故中不必要的人员伤亡，应培训足够的应急队员在事故现场安全、有序地疏散被困人员或周围人员。

2. 对施工人员进行培训，使其熟悉紧急避险和疏散的知识、技能及注意事项。

3. 对人员疏散的培训主要在应急演练中进行，通过演练还可以测试应急人员的疏散能力。

（三）救援

1. 使应急人员了解和掌握救援的基本知识、救援技能、救援设备和器材的使用等。

2. 使现场施工人员了解和掌握最基本的自救知识和技能。

（四）指挥和配合

应急指挥和配合是决定应急救援效果的关键因素。根据事故现场的实际情况及时决策和指挥，各救援队伍能够密切配合，协同工作，能够有效提高应急救援工作的效率，取得最好的结果。指挥和配合培训主要在应急演习中进行。

三、培训方式

从培训技巧的种类来讲，建筑施工安全生产应急培训可以划分为理论授课型、案例研讨型和模拟演练型。

1. 理论授课型培训，主要是针对建筑施工安全生产应急管理中的一个或几个问题，由专家向受训对象进行讲解。这种方式主要用于对企业员工和应急救援人员的基本应急救援知识和技能的培训。

2. 案例研讨型培训，主要是针对建筑施工安全生产应急管理中的一个或几个问题，由受训者进行讨论，找出解决问题的方法。这种方式主要应用于建筑企业各级应急救援负责人之间的协调问题的培训。

3. 模拟演练型培训，主要是建筑企业针对应急预案的一部分或整体进行演练，以便发现问题、解决问题。

四、培训的实施

建筑企业安全生产应急培训应按照制订的培训计划，认真组织，精心安排，合理安排时间，充分利用不同方式开展，使参培人员能够在良好的氛围中学习，掌握有关应急知识。培训的实施主要包括以下几个方面。

（一）制订培训计划

建筑企业应根据本企业的实际情况、业务特点和需求分析制订培训计划，明确培训目标。

（二）课程设计和课程准备

对建筑企业不同类型的人员，应进行具有针对性的应急培训，对企业中高层管理人员、基层管理人员、施工作业人员的培训内容和重点是不同的，要有针对性地进行课程准备，包括标准授课计划、辅助设施、学习资料等。

（三）选择适合的培训方式

针对不同的培训对象、内容，所采取的培训方式也有所区别。在各种方式中，选择合适的方式是培训计划的主要内容之一，也是培训成败的关键因素之一。

（四）做好培训记录和效果评价

培训工作是建筑企业安全生产应急管理的一项重要工作，培训部门一定要做好培训记录，建立培训档案并对培训效果进行评价。针对不同的培训方式和对象，可以采用不同的评价方式，既可以通过考核方式和手段，评价受训者的培训效果，也可以在培训结束后，通过考核受训者在演练中或实践中的表现来评价培训效果。对评价不合格的，应组织进行再次培训。

五、建筑施工安全生产应急演练

（一）应急演练的目的

建筑企业在施工现场开展应急演练，主要目的是验证应急预案的实用性，找出存在的问题，建立和保持可靠的信息渠道及应急人员的协同性，确保企业各级应急组织能够正确履行职责。应急演练的目的可以概括为以下几点：

1. 检验预案。发现应急预案中存在的问题，判别和改正应急预案的缺陷，提高应急预案的科学性、实用性和可操作性。

2. 锻炼队伍。熟悉应急预案，提高应急人员在紧急情况下妥善处置事故的能力。

3. 磨合机制。完善应急管理相关部门、单位和人员的工作职责，提高协调配合能力。

4. 宣传教育。普及应急管理知识，提高参演和观摩人员的风险防范意识和自救互救能力。

5. 完善准备。完善应急管理和应急处置技术，补充应急装备和物资，提高其适用性和可靠性。

6. 其他需要解决的问题。

（二）应急演练的原则

应急演练应符合以下原则：

1. 符合相关规定。按照国家相关法律法规、标准及有关规定组织开展演练。

2. 切合企业实际。结合企业生产安全事故特点和可能发生的事故类型组织开展演练。

3. 注重能力提高。以提高指挥协调能力、应急处置能力为主要出发点组织开展演练。

4. 确保安全有序。在保证参演人员及设备设施的安全的条件下组织开展演练。

（三）应急演练的内容

应急演练依据应急预案和应急管理工作重点，通常包括以下内容：

1. 预警与报告。根据事故情景，向相关部门或人员发出预警信息，并向有关部门和人员报告事故情况。
2. 指挥与协调。根据事故情景，成立现场指挥部，调集应急救援队伍和相关资源，开展应急救援行动。
3. 应急通信。根据事故情景，在应急救援相关部门或人员之间进行音频、视频信号或数据信息互通。
4. 事故监测。根据事故情景，对事故现场进行观察、分析或测定，确定事故严重程度、影响范围和变化趋势等。
5. 警戒与管制。根据事故情景，建立应急处置现场警戒区域，维护现场秩序。
6. 疏散与安置。根据事故情景，对事故可能波及范围内的相关人员进行疏散、转移和安置。
7. 医疗卫生。根据事故情景，调集医疗卫生专家和卫生应急队伍开展紧急医学救援，并开展卫生监测和防疫工作。
8. 现场处置。根据事故情景，按照相关应急预案和现场指挥部要求对事故现场进行控制和处理。
9. 社会沟通。根据事故情景，召开事故情况通报会，通报事故有关情况。
10. 后期处置。根据事故情景，应急处置结束后，所开展的事故损失评估、事故原因调查、事故现场清理和相关善后工作。
11. 其他。根据建筑行业（领域）安全生产特点所包含的其他应急功能。

第四节　建筑施工安全生产应急处置

一、建筑施工生产安全事故应急处置原则

建筑施工生产安全事故发生之后，现场应急处置虽然没有固定的模式，但一般应遵循以下原则。

（一）以人为本，减少伤亡

建筑施工生产安全事故应急处置的目的是保障人员生命和财产安全。建筑施工企业应切实履行安全应急处置的职能，把保护和保障企业员工健康和生命财产安全作为首要任务，最大限度地减少突发安全事件造成的人员伤亡和危害。安全生产应急管理的各项规章制度的制定和实施，应充分体现保障人民群众生命财产安全的理念，切实履行法律赋予的职责，把保障生命和财产安全作为首要任务。应急救援期间，应明确指令在"黄金时间"内第一任务为抢救伤员，救援措施应合理可行，最大限度确保人员安全和减少人员伤亡。在废墟、有毒有害气体等特殊救援环境里，为确保参与救援人员和伤员的安全，在应急救援队伍建设期间，应加大先进的智能化救援设备的装备，不能冒险作业或强行作业，避免次生灾害造成人员伤亡或二次伤害。

（二）快速反应，科学救援

无论是火灾、爆炸还是坍塌等事故都会对人民群众的生命和财产安全以及正常的社会秩序构成严重威胁。而且事故所具有的突发性等特点，决定了在现场处置过程中任何时间上的延误都有可能加大应急处置工作的难度，以至于使事故的损失扩大，引发更为严重的后果。因此，在应急处置过程中必须坚持做到快速反应，力争在最短的时间内到达现场、控制事态、减少损失，以最高的效率与最快的速度救助受害人，并为尽快恢复正常的工作秩序、社会秩序和生活秩序创造条件。

事故发生之后现场应急处置并无固定模式可循，一方面要遵循事故处置的一般原则，另一方面也需要根据事故的性质与所影响的范围灵活掌握和处理。有的事故在爆发的瞬间就已结束，没有继续蔓延的条件，但大多数事故在救援和处置过程中可能还会继续蔓延扩大，如果处置不及时，很可能带来灾难性的后果甚至引发其他事故。事故现场控制的作用，首先体现在防止事故继续蔓延扩大方面。因此，必须在第一时间内做出反应，以最快的速度和最高的效率进行现场控制。快速反应是事故应急处置中的首要要求，应采用先进技术，充分发挥专家作用，实行科学民主决策。采用先进的救援装备和技术，增强应急救援能力，确保应急救援的科学、及时、有效。

（三）应急优先，兼顾调查

按照一般的程序，事故应急处置工作结束之后，或在应急处置过程的适当时机，调查工作就需要介入，以分析事故的原因与性质，发现、收集有关的证据，澄清事故的责任者。现场处置工作中所采取的一切措施都要有利于日后对事故的调查。在实践中容易出现的问题是应急人员的注意力都集中在救助伤亡人员，或防止灾难蔓延扩大上，而忽略了对现场与证据的保护，结果在事后发现其中有犯罪嫌疑需要收集证据时，现场已遭到破坏，给调查工作带来被动。因此，必须在进行现场控制的整个过程中，把保护现场作为工作原则贯彻始终。虽然对事故的应急处置与调查处理是不同的环节与过程，但在实际工作中没有明确的界限，不能把两者截然分开。

（四）属地为主，协同应对

在突发事件应急处置过程中，各级地方政府必然要承担主要角色，发挥主导作用，组织并协调应急救援力量参与救援，政府应急管理能力的强弱，决定应急救援的成效。由地方政府统一指挥协调所辖地区的部门、企事业单位建立突发公共事件应急指挥机构，建立分级设置、分级负责、分类指挥、属地管理为主、综合协调、逐级提升的突发公共事件处置体系。根据事故的影响程度，在相关部门的统一领导下，就近属地动员一切力量、争分夺秒抢救人员和物资，协调动员事故发生所属地的交通、消防、医院、相关企业、社区等其他社会力量的应急救援队伍、物资，参与应急救援。同时，加强应急处置队伍建设，建立联动协调制度，充分动员和发挥企业全体员工的作用，依靠集体的力量，形成统一指挥、反应灵敏、功能齐全、协调有序、运转高效的应急管理机制。

二、建筑施工生产安全事故应急处置内容

（一）应急处置基本任务

事故应急救援工作是在预防为主的情况下，贯彻统一指挥、分级负责、区域为主、单位自救和社会救援相结合的原则。除了平时做好事故预防工作，避免和减少事故的发生外，还要落实好救援工作的各项准备措施，确保一旦发生事故能及时进行响应。由于重大事故发生的突然性、发生后的迅速扩散性以及波及范围广的特点，决定了应急响应行动必须迅速、准确、有序和有效。

1. 控制危险源

及时有效地控制造成事故的危险源是事故应急响应的首要任务。只有控制了危险源，防止事故的进一步扩大和发展，才能及时有效地实施救援行动。特别是发生在人口稠密地区的扩散型事故，应及时控制事故继续扩展。

2. 抢救受害人员

抢救受害人员是事故应急响应的重要任务。在响应行动中，及时、有序、科学地实施现场抢救和安全转送伤员对挽救受害人的生命、稳定病情、减少伤残率以及减轻受害人的

痛苦等具有重要意义。

3. 指导人员防护，组织人员撤离

由于事故发生的突然性、发生后的迅速扩散性以及波及范围广、危害大的特点，应及时指导和组织现场人员采取各种措施进行自身防护，并迅速撤离危险区域或可能发生危险的区域。在撤离过程中积极开展人员自救与互救工作。

4. 清理现场，消除危害后果

对事故造成的对人体、土壤、水源、空气的危害，迅速采取封闭、隔离、洗消等措施；对事故外逸的有毒有害物质和可能对人和环境继续造成危害的物质，应及时组织人员进行清除；对事故后的不稳定因素进行监测与监控，并采取适当的措施，直至符合安全标准。除此以外，事故应急响应过程中还应了解发生的原因和事故性质，准确估算事故影响范围和危险程度，查明人员伤亡情况，同时要注意保护好现场和保存相关证据，为开展事故调查奠定基础。

（二）应急处置程序

应急响应启动一般按以下基本步骤进行。

1. 事故上报

（1）上报时限及要求

事故发生后，事故现场有关人员应当立即向施工单位负责人报告；施工单位负责人接到报告后，应当于1 h内向事故发生地县级以上人民政府建设主管部门和有关部门报告。

情况紧急时，事故现场有关人员可以直接向事故发生地县级以上人民政府建设主管部门和有关部门报告。

实行施工总承包的建设工程，由总承包单位负责上报事故。

安全生产监督管理部门和负有安全生产监督管理职责的有关部门接到事故报告后，应当依照下列规定上报事故情况，并通知公安机关、劳动保障行政部门、工会和人民检察院，安全生产监督管理部门和负有安全生产监督管理职责的有关部门逐级上报事故情况，每级上报的时间不得超过2 h。

①特别重大事故、重大事故逐级上报至国务院安全生产监督管理部门和负有安全生产监督管理职责的有关部门。

②较大事故逐级上报至省、自治区、直辖市人民政府安全生产监督管理部门和负有安全生产监督管理职责的有关部门。

③一般事故上报至设区的市级人民政府安全生产监督管理部门和负有安全生产监督

管理职责的有关部门。

安全生产监督管理部门和负有安全生产监督管理职责的有关部门依照前款规定上报事故情况，应当同时报告本级人民政府。国务院安全生产监督管理部门和负有安全生产监督管理职责的有关部门以及省级人民政府接到发生特别重大事故、重大事故的报告后，应当立即报告国务院。必要时，安全生产监督管理部门和负有安全生产监督管理职责的有关部门可以越级上报事故情况。

事故报告后出现新情况的，应当及时补报。

自事故发生之日起30d内，事故造成的伤亡人数发生变化的，应当及时补报。道路交通事故、火灾事故自发生之日起7d内，事故造成的伤亡人数发生变化的，应当及时补报。事故发生后，有关单位和人员应当妥善保护事故现场以及相关证据，任何单位和个人不得破坏事故现场、毁灭相关证据。因抢救人员、防止事故扩大以及疏通交通等原因，需要移动事故现场物件的，应当做出标志，绘制现场简图并做出书面记录，妥善保存现场重要痕迹、物证。

（2）上报内容

①事故发生单位概况。

②事故发生的时间、地点以及事故现场情况。

③事故的简要经过。

④事故已经造成或者可能造成的伤亡人数（包括下落不明的人数）和初步估计的直接经济损失。

⑤已经采取的措施。

⑥其他应当报告的情况及事故的补报。

2. 事故接报

事故接报是救援工作的第一步，对成功实施救援起到重要的作用。项目经理接到事故报告后应启动相应的应急预案，组织项目现场救援工作，并立即向企业安全管理部门报告事故情况及后续的事故发展情况。

建筑施工企业安全管理部门接到报告后应做好以下几项工作：

（1）问清报告人姓名、所属具体部门、项目和联系电话。

（2）问明事故发生的时间、地点、事故原因、事故性质（坍塌、触电、燃烧等）、危害波及范围和程度、伤亡和财产损失情况、已采取的救援措施、对救援的要求等，同时做好电话记录。

建筑施工企业负责人接到报告后应做好以下工作：

（3）按应急救援程序，派出救援队伍。

（4）1h内向事故发生地县级以上人民政府建设主管部门和有关部门报告。

（5）保持与应急救援队伍的联系，并视事故发展状况，必要时派出后继梯队予以增援。

事故发生地人民政府及有关部门接到事故报告后，相关负责同志要立即赶赴事故现场，按照有关应急预案规定，成立事故应急处置现场指挥部，代表本级人民政府履行事故应急处置职责，组织开展事故应急处置工作。

3. 应急队伍集结

救援队伍进入事故现场，应选择有利地形（地点）设置现场救援指挥部或救援、急救医疗点。救援点的位置选择关系到能否有序地开展救援和保护自身的安全。救援指挥部、救援和医疗急救点的设置应考虑以下几项因素：

（1）地点：应选在上风向的非事故波及范围区域，须注意不要远离事故现场，便于指挥和救援工作的实施。

（2）位置：救援队伍应尽可能在靠近现场救援指挥部的地方设点，并随时保持与指挥部的联系。

（3）标志：指挥部、救援或医疗急救点，均应设置醒目的标志，方便救援人员和伤员识别。

4. 事故现场状态与情境的评估

任何处置工作的开展都必须以对现场形势的准确评估为前提，快速反应的原则并不是单纯强调速度快，而是要保证处置工作的高效率。因此，事故的应急处置人员在到达现场后，如果不了解现场基本情况就盲目进行处置是不可取的，这不仅无法实现防止事态蔓延扩大的目的，而且还会造成应急救援人员的伤亡，造成更大的损失。为了有效地进行现场控制，应急处置人员的首要职责是获取现场准确的信息，对所发生的事故进行及时准确的认识与把握。一旦这些信息反馈给指挥决策部门，可以帮助做出正确决策。

5. 事故应急救援

在对现场情况、人员伤亡、经济损失、周围环境等进行评估后，要根据事故类型、特点和规模做出紧急安排。尽管不同的事故所需的安排不同，但大多数事故的现场处置都应包括设置警戒线、应急反应人力资源组织与协调、应急物资设备的调集、人员安全疏散、现场交通管制、现场以及相关场所的治安秩序维护，以及对受害人做出分类处理等方面的内容。

6. 恢复与善后

应急恢复从应急救援工作结束时开始。决定恢复时间长短的因素包括破坏与损失的程度,完成恢复所必需的人力、财力和技术支持,相关法律法规,其他因素(天气、地形、地势等)。

(1)现场警戒和安全

应急救援结束后,由于以下原因可能还需要继续隔离事故现场:事故区域还可能造成人员伤害;事故调查组需要查明事故原因,因此不能破坏和干扰现场证据;如果伤亡情况严重,需要政府部门进行调查;其他管理部门也可能要进行调查;保险公司要确定损坏程度;工程技术人员需要检查该区域以确定损坏程度和可抢救的设备。

恢复工作人员应该用鲜艳的彩带或其他设施装置将被隔离的事故现场区域围成警戒区。保安人员应防止无关人员入内。项目部要向保安人员提供授权进入此区域的名单,还要通知保安人员如何应对有关部门的检查。安全和卫生人员应该确定受破坏区域的污染程度或危险性。如果此区域可能给相关人员带来危险,安全人员要采取一定安全措施,包括发放个人防护设备、通知所有进入人员受破坏区的安全限制等。

(2)员工救助

员工是企业最宝贵的财富,在完成恢复过程中对员工进行救助是极其重要的。然而,在事故发生时,大部分人员都在一定程度上受到影响而无法全力投入工作,部分员工在重特大事故过后还可能需要救助。

对员工救助主要包括以下几个方面:保证紧急情况发生后向员工提供充分的医疗救助;按企业有关规定,对伤亡人员的家属进行安抚;如果事故影响到员工的住处,应协助员工对个人住处进行恢复。除此之外,还应根据损坏情况考虑向员工提供现金预付、薪水照常发放、削减工作时间和咨询服务等方面的帮助。

(3)应急后评估

应急后评估是指在突发公共事件应急工作结束后,为了完善应急预案,提高应急能力,对各阶段应急工作进行的总结和评估。

应急后评估可以通过日常的应急演练和培训,或通过对事故应急过程的分析和总结,结合实际情况对预案的统一性、科学性、合理性和有效性以及应急救援过程进行,根据评估结果对应急预案以及应急流程等进行定期修订。对前一种方式而言,建筑施工企业可以按照有关规定,结合本企业实际通过桌面演练、实战模拟演练等不同形式的预案演练,经过评估后解决企业内部门之间以及企业同地方政府有关部门的协同配合等问题,增强预案的科学性、可行性和针对性,提高快速反应能力、应急救援能力和协同作战能力。

三、建筑施工生产安全事故现场应急处置

事故应急处置工作由许多环节构成，其中现场控制和安排既是一个重要的环节，也是应急管理工作中内容最复杂、任务最繁重的部分。现场控制和安排在一定程度上决定了应急处置的效率与质量。科学合理的现场控制不仅能大大降低事故造成的损失，也是应急处置能力的重要体现。

建筑施工现场应根据事故类型及伤害程度采取有效的处置方案。下面列举建筑施工现场发生率最高的五大伤害事故（高处坠落事故、触电事故、机械伤害事故、物体打击事故、坍塌事故）的现场应急处置措施。

（一）高处坠落事故应急处置

1. 发生高空坠落事故后，现场知情人应当立即采取措施，切断或隔离危险源，防止救援过程中发生次生灾害。

2. 切断或隔离危险源后，现场知情人员应当立即开展现场急救工作，同时拨打120急救电话和上报事故信息。拨打电话时要尽量说清楚以下几件事：

（1）说明伤情和已经采取了什么措施，以便让救护人员事先做好急救的准备。

（2）讲清楚伤者（事故）发生的具体地点。

（3）说明报救者姓名（或事故地）和电话，并派人在现场外等候接应救护车，同时把救护车辆进入事故现场的路上障碍及时予以清除，以利救护车辆到达后，能及时进行抢救。

3. 现场知情人员应做好受伤人员的现场救护工作。如受伤人员出现骨折、休克或昏迷状况，应采取临时包扎止血措施，进行人工呼吸或胸外心脏按压，尽量努力抢救伤员，将伤亡事故控制到最低程度，损失降到最小。

4. 应急人员赶到现场后，应当立即设置警戒线对事故现场进行隔离和保护，并安排人员警戒，严禁无关人员入内，为应急救援工作创造一个安全的救援环境。同时，应立即组织查找事故原因，杜绝事故再次发生。

5. 急救人员必须在最短的时间内到达现场，迅速对患者判断有无威胁生命的征象，并按以下顺序及时检查与优先处理存在的危险因素：呼吸道梗阻、出血、休克、呼吸困难、反常呼吸、骨折。

6. 在伤员转送之前必须进行急救处理，避免伤情扩大，途中做进一步检查，进行病史

采集，通过询问护送人员、事故目击者了解受伤机制，以发现一些隐蔽部位的伤情，做进一步处理，减轻患者伤情。在伤员转送途中密切观察患者的瞳孔、意识、体温、脉搏、呼吸、血压、出血情况，以及加压包扎部位的末梢循环情况等，以便及早发现问题，及早做出相应的处理。

7. 及时将伤亡及抢救进展情况报告单位负责人。

（二）触电事故应急处置

1. 发生触电事故后，现场人员应立即向四周呼救，拨打120急救电话并通知项目负责人，采取紧急措施以防止事故进一步扩大。项目负责人启动现场处置方案。

2. 对于低压触电事故，可采用下列方法使触电者脱离电源，切不可直接去拉触电者：

（1）如果触电地点附近有电源开关或插头，可立即拉开电源开关或拔下电源插头，以切断电源。

（2）可用有绝缘手柄的电工钳、干燥木柄的斧头、干燥木把的铁锹等切断电源线。也可采用干燥木板等绝缘物插入触电者身下，以隔离电源。

（3）当电线搭在触电者身上或被压在身下时，可用干燥的衣服、手套、绳索、木板、木棒等绝缘物为工具，拉开、提高或挑开电线，使触电者脱离电源。

3. 对于高压触电事故，可采用下列方法使触电者脱离电源：

（1）立即通知有关部门停电。

（2）用高压绝缘杆挑开触电者身上的电线。

（3）触电者如果在高空作业时触电，断开电源时要防止触电者摔下来造成二次伤害。

4. 如果触电者伤势不重，神志清醒，但有些心慌，四肢麻木，全身无力或者触电者曾一度昏迷，但已清醒过来，应使触电者安静休息，不要走动，严密观察并送医院。

5. 人触电后会出现神经麻痹、呼吸中断、心脏停止跳动，呈现昏迷不醒状态，通常都是假死，万万不可当作"死人"草率从事。

6. 对于假死的触电者，要迅速持久地进行抢救，有不少的触电者经过 4 h 甚至更长时间的抢救而抢救过来的，有经过 6 h 的口对口人工呼吸及胸外挤压法抢救而活过来的实例。只有经过医生诊断确定死亡，才能停止抢救。

7. 险情发生至现场恢复期间，疏散组应封锁现场，设置警戒线，防止无关人员进入现场发生意外。

8. 及时将伤亡及抢救进展情况报告单位负责人。

（三）机械伤害事故应急处置

1. 发现受伤人员后，必须立即停止运转的机械，向周围人呼救，同时报告现场负责人。

2. 现场负责人接到报告后应立即到现场查看情况并通知应急领导小组和医务部门，若受伤人员伤势较重，应立即拨打120急救电话，报警时应说明事故发生的时间、区域场所、人员伤亡情况、受伤者的受伤部位和受伤情况、事故范围程度、现场其他情况、报警人姓名和电话，以便让救护人员和应急处置人员做好急救的准备。

3. 现场应急处置小组在接到报警后，应立即组织应急抢救，最大限度地减少人员伤害和财产损失。如遇事态严重，难以控制和处理，应立即请求社会专业资源（拨打119救援电话）提供支持和救援。

4. 项目部医护人员到达现场后应立即对伤者实施救治，对创伤出血者迅速包扎止血，送往医院救治。

5. 及时将伤亡及抢救进展情况报告单位负责人。

（四）物体打击事故应急处置

1. 发现有人受伤后，现场人员应大声呼救，同时报告现场负责人。

2. 现场负责人接到报告后应立即到现场查看情况并通知应急领导小组和医务部门，若受伤人员伤势较重，应立即拨打120急救电话，报警时应说明事故发生的时间、区域场所、人员伤亡情况、受伤者的受伤部位和受伤情况、事故范围程度、现场其他情况、报警人姓名和电话，以便让救护人员和应急处置人员做好急救的准备。

3. 现场应急处置小组在接到报警后，应立即组织应急抢救，最大限度地减少人员伤害和财产损失。如遇事态严重，难以控制和处理，应立即请求社会专业资源（拨打119救援电话）提供支持和救援。

4. 项目部医务人员到达现场后首先观察伤者的受伤情况、部位、伤害性质。

5. 及时将伤亡及抢救进展情况报告单位负责人。

（五）坍塌事故应急处置

1. 出现塌方征兆时：

（1）当施工人员发现土方支撑或建筑物有裂纹或发出异常声音时，应立即通知该区域施工人员迅速撤离可能塌方区域，同时报告现场负责人。

（2）现场负责人接到报告后立即到达现场查看情况，并通知现场处置小组。

（3）技术部门、安全部门接到报告后立即到达现场，对危险区域进行查看，由现场处置小组制定应急处置措施并负责执行，待危险因素消除后方可继续施工。

2. 发生塌方事故后，现场人员应大声呼叫，通知该区域施工人员立即疏散，并立即通知现场负责人。

3. 现场负责人接到报告后应立即到达现场，询问现场人员有无人员被埋，对现场施工人员人数进行清点，确定有无人员被埋，并将情况立即报告现场处置小组。然后组织人员保护现场，设置警戒线做好警戒，禁止无关人员进入该区域，以免造成二次伤害。

（1）若没有人员被埋：待现场处置小组赶到现场后，对现场进行详细检查，并根据现场情况组织机械进行处理，对周边区域存在的塌方隐患进行处理。

（2）若有人员被埋：现场负责人应立即询问现场人员，了解被埋人员数量、大体位置，组织现场人员进行抢救工作，同时立即通知现场处置小组，并拨打120和119救援电话求援。现场处置小组到过现场后，应组织现场人员进行询问、调查，掌握被埋具体人数；然后查看现场，根据塌方情况和现场抢救情况，继续组织人员、机械对被埋人员进行抢救，准备好车辆运送伤员车辆；同时立即将事故情况上报单位负责人。

4. 抢救前要详细检查塌方区域，对有可能塌方的隐患先处理后再进行抢救工作；抢救过程中要密切关注现场情况，特别是高处土石方情况，防止造成二次事故。

5. 当事故有可能出现扩大、影响周围建筑物，应当立即向当地政府有关部门应急领导小组提出申请，请求社会支援并协助其进行疏散、处理。

6. 被埋人员抢救出土后：

（1）及时送医院进行检查、救治。

（2）对呼吸、心跳停止的伤员予以心脏复苏直至与120救援人员交接。

（3）应急救援队负责清除伤员伤口，鼻口泥块、凝血块、呕吐物等，将昏迷伤员舌头拉出，以防窒息。

（4）对骨折、外伤流血的伤者，简易包扎、止血或简易固定后送医院救治。

参考文献

[1] 张建,张溢洋,张乐. 应急管理新常态的多维度建构 [M]. 成都：四川大学出版社，2021.

[2] 李明. 应急管理多元主体合作治理 [M]. 成都：四川大学出版社，2021.

[3] 陈超. 虚拟现实技术及其在应急管理中的应用 [M]. 武汉：华中科技出版社，2021.

[4] 肖余春. 重大突发事件应急管理的多团队协作机制研究 [M]. 杭州：浙江工商大学出版社，2021.

[5] 陈一洲,任常兴. 人员密集场所事故分析评估与应急管理 [M]. 北京:冶金工业出版社，2021.

[6] 黄莉,王伟,黄健. 防汛应急物资储备管理关键技术与应用 [M]. 南京：河海大学出版社，2021.

[7] 王宏伟. 应急管理新论 [M]. 北京：中国人民大学出版社，2021.

[8] 郭雪松,刘莹莹. 应急管理理论与应用 [M]. 北京：科学出版社，2021.

[9] 宋富美,兰泽全. 应急管理法律法规 [M]. 北京：应急管理出版社，2021.

[10] 李雪峰,佟瑞鹏. 应急管理概论 [M]. 北京：应急管理出版社，2021.

[11] 黄剑波. 应急管理与安全生产监管简明读本 [M]. 长春：吉林人民出版社，2020.

[12] 李亦纲. 灾害事故应急管理 [M]. 北京：应急管理出版社，2020.

[13] 王格芳,张国亭. 应急管理基本知识 [M]. 济南：山东大学出版社，2020.

[14] 翟宝辉. 城市综合防灾与应急管理 [M]. 北京：中国建筑工业出版社，2020.

[15] 刘琛,李楠. 应急管理的方法与策略研究 [M]. 徐州：中国矿业大学出版社，2020.

[16] 李泽荃,杨曌. 应急管理信息技术与系统 [M]. 北京：应急管理出版社，2020.

[17] 夏保成,刘娇,夏元兴. 应急预案编制与管理 [M]. 北京：中国文史出版社，2020.

[18] 周德红. 事故应急救援与管理 [M]. 武汉：中国地质大学出版社，2020.

[19] 赵吉祥. 应急与消防安全管理 [M]. 长春：吉林教育出版社，2020.

[20] 许振宇. 突发事件风险管理方法与实践 [M]. 西安：西北大学出版社，2020.

[21] 许曙青. 安全应急管理教育 [M]. 北京：电子工业出版社，2019.

[22] 张俊,李伟华,张玮晶. 地震应急管理基本概念 [M]. 北京：地震出版社，2019.

[23] 曹海峰. 新时代公共安全与应急管理 [M]. 北京：社会科学文献出版社，2019.

[24] 郭中华，尤完. 建筑施工生产安全事故应急管理指南 [M]. 北京：中国建筑工业出版社，2019.

[25] 唐攀. 城市应急管理网络及其治理模式研究 [M]. 北京：科学出版社，2019.

[26] 叶先宝. 应急管理基础教程 [M]. 北京：科学出版社，2019.

[27] 邹登雄. 建设工程项目管理 [M]. 哈尔滨：哈尔滨工程大学出版社，2019.

[28] 柳春香，杨春. 应急管理安保实务 [M]. 北京：中国人民公安大学出版社，2018.

[29] 黄宏纯. 突发事件全面应急管理 [M]. 北京：北京理工大学出版社，2018.

[30] 牛聚粉. 基于事故致因理论的企业生产事故应急管理体制构建研究 [M]. 北京：新华出版社，2018.

[31] 胡望洋. 灾难现场应急管理 [M]. 北京：中共中央党校出版社，2018.

[32] 李雪峰. 应急管理通论 [M]. 北京：中国人民大学出版社，2018.

[33] 胡博扬. 灾难应急管理教程 [M]. 北京：中国人口出版社，2018.